漕舫圖

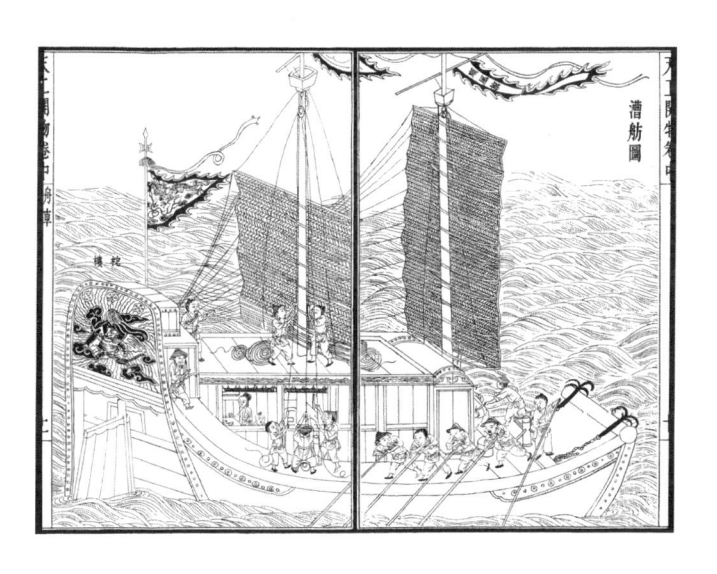

唐宋帝国与运河

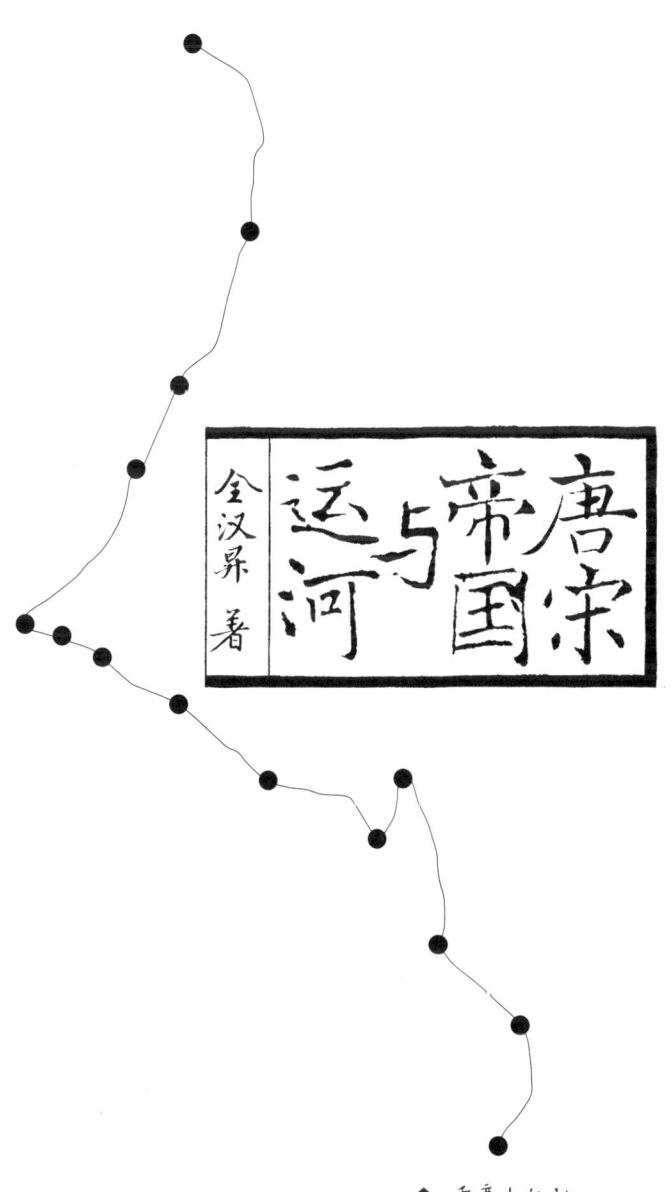

全汉昇 著

重慶出版社

出版说明

本书是全汉昇先生关于唐、宋经济史研究的代表作，首次出版于1944年，此次出版简体中文版采用1946年商务印书馆（上海）印行的版本为底本，编辑过程中，对底本的若干差错进行了必要的订正，如将原书误将庆历三年标注为公元1243年，经核查应为1043年。此类差错底本中还有几处，均直接改正。另，原书中皇帝年号所对应公元纪年使用汉字数字且跨年标注，编辑时遵从当下通行的标注习惯，将公元纪年所使用的汉字数字一律改为阿拉伯数字，且只标注该年号所对应的公元纪年首年，如将"隋炀帝大业元年（六〇五——六）"改为"隋炀帝大业元年（605年）"。原书中引用古籍原文与前辈学人著作中使用的通假字、异体字及个别繁体字，一般从原书未作改动。原书中有些古代地名，作者以夹注的方式标示了其所对应的作品写作时期的地名，如"西苑（河南洛阳县西）"，这些作者标注的地名绝大多数已与当下不符，但为保留作品原貌，对此未作改动。

这部有"千古不刊之作"美誉的中国经济史经典著作，自出版以来一直未有简体中文单行本问世，此次出版弥补了这一缺憾，希望能得到广大读者的喜欢。

编者

2020年9月

自序

陈寅恪先生在他的《唐代政治史述论稿》中对于运河与大唐帝国的关系有一个很锐敏的观察。如第一五页说："唐代自安史乱后，长安政权之得以继续维持，除文化势力外，仅恃东南八道财赋之供给，至黄巢之乱既将此东南区域之经济几全加破坏，复断绝汴路运河之交通，而奉长安文化为中心仰东南财赋以存立之政治集团，遂不得不土崩瓦解，大唐帝国之形式及实质，均于是告终矣。"又第一一五至一一六页说："夫黄巢既破坏东南诸道财赋之区，时溥复断绝南北运输之汴路，藉东南经济力量及科举文化以维持之李唐皇室，遂不得不倾覆矣。"由于陈先生这种重要的指示，作者深感运河与唐宋国运关系的密切，故有此书的写作，作者在这里首先要对陈先生的启发敬志谢忱。

复次，说到本书的体裁，也得特别申明一下。有许多读者对于史学著作中引文的阅读,最感头痛,故作者特地把与考证有关的文字降低两格来写,以别于本文。如果读者时间来不及,或对于较小问题的详细考证不感兴趣的话,先把本文阅读一遍,也可得知书中的大意。可是,由于这种尝试,书中所述未免有多少重复,这实是无可奈何的事。

本书写成后,蒙傅孟真师、岑仲勉先生、梁方仲先生,及劳贞一先生分别审阅教正,衷心至为感激!至于地图的绘制,又得力于潘实君先生的帮助,亦当于此志谢。

全汉昇

民国三十三年二月二十四日

目录

第一章　**绪论** 12

第二章　**高宗以后的东都与运河** 34

第三章　**大唐帝国的极盛与运河** 62

第四章　**大唐帝国的中衰与运河** 80

第一节　安史乱后政府对江淮财赋需要的激增与运河交通的阻塞 81

第二节　张巡刘晏对于运河交通的贡献 89

第三节　代宗德宗时代运河交通的阻扰与政府应付的政策 99

第四节　综结 127

第五章 **大唐帝国的中兴与运河** 136

第六章 **大唐帝国的崩溃与运河** 150

第七章 **北宋的立国与运河** 164

第八章 **北宋帝国的崩溃与运河** 196

第九章 **宋金的对立与运河** 210

第十章 **结论** 214

隋唐宋運河圖

地名：西安（長安）、華陰、盧氏、陝、三門砥柱、洛陽、鞏、河陰、鄭、中牟、開封（汴州汴）、信陽

河流：河、渭水、黃、洛水、伊水

華里
0　100　200　300　400

（睢阳南京）

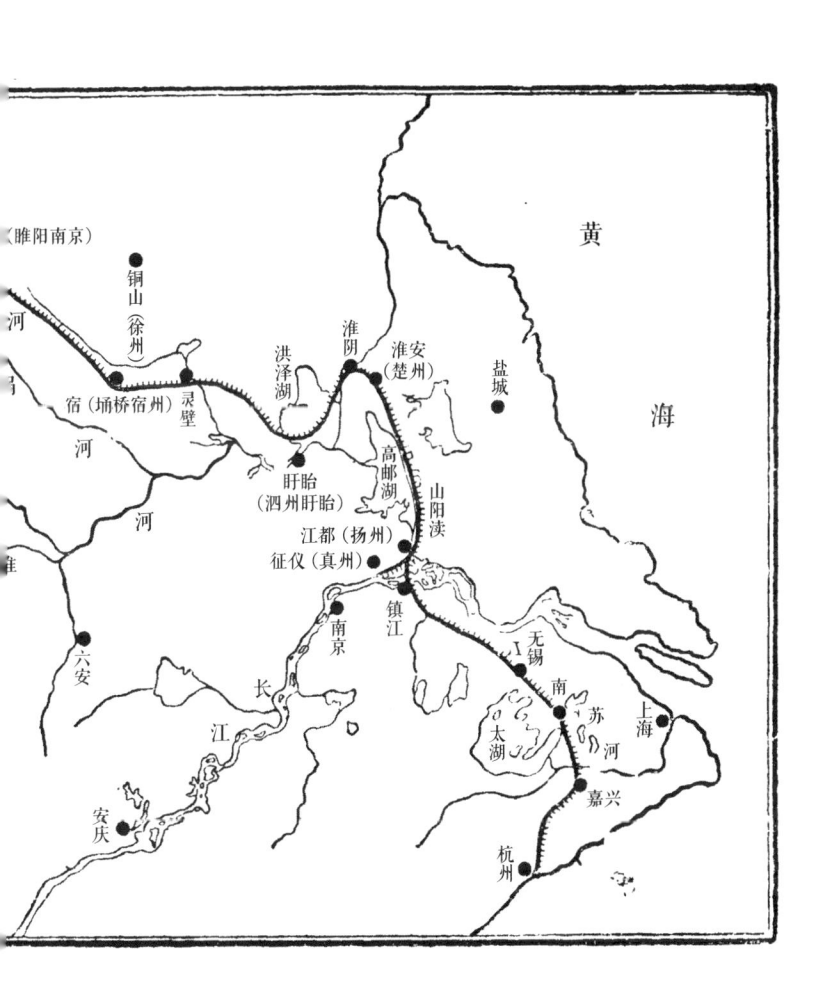

黄 海

铜山（徐州）
宿（埇桥宿州）
灵壁
洪泽湖
淮阴
淮安（楚州）
盐城
盱眙（泗州盱眙）
高邮湖
山阳渎
江都（扬州）
征仪（真州）
镇江
南京
无锡
苏州
上海
六安
太湖
嘉兴
安庆
长江
杭州

河
淮河

第一章

绪论

隋炀帝因为要游幸江都而开凿的运河，完成不久以后，由于历史上其他因素的影响，在此后的六百多年内变为唐宋帝国的大动脉。这一条动脉的畅通与停滞，足以决定唐宋国运的盛衰隆替，其关系的密切简直有如真正的动脉之于身体那样。本书写作的目的，就在从动态方面考察这条动脉与唐宋帝国的关系。

隋炀帝自大业元年(605年)起开凿的运河，除由黄河北通涿郡的永济渠在本文中关系较小外，有三部分最为重要：（1）通济渠——自西苑(河南洛阳县西)引谷洛水到黄河，又自板渚(河南汜县东北二十里)引黄河水通淮河；（2）山阳渎——自山阳(江苏淮安县治)引淮水至扬子(江苏仪征县东南)入长江；（3）江南河——自京口(江苏丹徒县治)引长江水至余杭，入钱塘江。[注一]通济渠在唐代名广济渠，又名汴河，这是根据旧有河道开浚而成的。炀帝开凿以前的汴河，[注二]由黄河流至开封以东的雍邱附近便东流至徐州，再南流与泗水同入淮河。炀帝开凿的汴河，由黄河流至雍邱一段，完全与旧日汴河的河道相同，但到达雍邱附近后却东南流至泗州，入淮河。结果，南北水路交通干线大为缩短，故对于交通发达的贡献很大。[注三]此外，山阳渎也是根据旧有的河道邗沟开凿而成的。

不管运河开凿的动机是否像史书记载那样纯粹出于

隋炀帝的游幸娱乐，为着要了解它在唐宋六百多年内所发生的重要作用，我们对于它开凿前后的客观形势有详加检讨的必要。

自从秦汉大一统的帝国崩溃以后，经过了四百年的分裂扰乱，到了隋唐宋时代，大一统的帝国又复出现。可是，这时的帝国在政治方面虽然像秦汉时那样大一统，在经济方面，因为经过许多历史潮流的激荡，却不复像秦汉时那样，而表现出非常剧烈的变动。在这种变动中有一个特征尤为显著，这就是经济重心的南移。

中国古代的经济重心在北方（较偏于西）。据《尚书·禹贡篇》的记载，古代北方的农业生产远胜于南方，其中记述各州田地肥沃的程度，分为九等，兹依次抄录如下：

  雍州……厥田惟上上。

  徐州……厥田惟上中。

  青州……厥田惟上下。

  豫州……厥田惟中上。

  冀州……厥田惟中中。

  兖州……厥田惟中下。

  梁州……厥田惟下上。

  荆州……厥田惟下中。

  扬州……厥田惟下下。

水利灌溉对于中国西北黄土的生产力，有很大的贡献；因为由于黄土的多孔性和毛细管作用，只要得到充分水量的供给，它便可像海绵般吸收水分，把深藏在地底下的矿物质带上来，以便谷物的根来吸取。因此，中国西北的黄土，经过适宜的灌溉后，便成为最肥沃的土壤，可以生产多量的农作物。[注四]我们的老祖宗对于这个道理有深刻的了解，远在战国至秦的时代，他们已经在黄河上游大兴水利。例如在河南北部，史起利用漳水来灌溉的结果，原来不宜于生产的咸苦之地却一变而为稻粱的重要产区。《汉书》卷二九《沟洫志》云：

> （魏）襄王时……史起进曰："魏氏之行田也，以百亩（师古曰：赋田之法，一夫百亩也），邺独二百亩，是田恶也。漳水在其旁，西门豹不知用，是不智也。……"于是以史起为邺令。遂引漳水溉邺，以富魏之河内。民歌之曰："邺有贤令兮为史公，决漳水兮灌邺旁，终古舄卤兮生稻粱。"

又如秦开郑国渠的结果，关中四万余顷沼泽咸苦之地，因得到充分水量的灌溉，生产量至为丰富。《史记》卷二九《河渠书》云：

> 韩闻秦之好兴事，欲罢之，毋令东伐，乃使水工郑国间说秦，令凿泾水，自中山西邸瓠口为渠，

并北山，东注洛，三百余里，欲以溉田。中作而觉，秦欲杀郑国。郑国曰："始臣为间，然渠成，亦秦之利也。"秦以为然，卒使就渠。渠就，用注填阏之水，溉泽卤之地四万余顷，收皆亩一钟。于是关中为沃野，无凶年。秦以富强，卒并诸侯。因命曰郑国渠。

因此，当日关中土地的面积及人口的数量虽然只是全国的一小部分，其财富却占全国的十分之六。《史记》卷一二九《货殖传》云：

> 关中自汧雍以东，至河华，膏壤沃野千里。自虞夏之贡，以为上田。……故关中之地，于天下三分之一，而人众不过什三；然量其富，什居其六。

至于当日的南方，资源虽然非常丰富，但还谈不到开发，处处都表现出劳力不足，生产技术幼稚，资本蓄积贫乏的状态。同书《货殖传》云：

> 江南卑湿，丈夫早夭，多竹木。豫章出黄金，长沙出连锡，然堇堇物之所有，取之不足以更（偿也）费。

总之，楚越之地，地广人稀。饭稻羹鱼，或火耕而水耨。果陏蠃蛤，不待贾而足。地势饶食，无饥馑之患。以故呰窳（苟且惰懒之谓）偷生，无积聚而多贫。是故江、淮以南，无冻饿之人，亦无千金之家。

总之，古代中国的经济重心在北方，而不在南方，这是没有疑义的。

中国古代经济重心在北不在南的情形，自隋代起发生激剧的变动。原来自汉末以后，由于大一统局面的瓦解，胡族的入侵，北方各地曾经长期蒙受惨酷的战祸。这些战祸对于农业生产的影响，是土地的荒芜。[注五]固然，当战争停止时，有些土地也恢复生产，但要完全复元，却是不可能的事。北方土地的生产力既然日渐耗竭，到了唐宋时代，耕地的面积便一天比一天地减少下去。例如秦开的郑国渠，和汉开的白渠，在关中一共溉田四万余顷；及唐初永徽年间（650—655年），却只灌溉一万顷左右；其后到了大历年间（766—779年），更减至六千二百余顷。《通典》卷一七四云：

> 秦开郑渠，溉田四万顷。汉开白渠，复溉田四千五百余顷。关中沃衍，实在于斯。圣唐永徽中，两渠所溉唯万许顷。洎大历初，又减至六千二百余顷。比于汉代，减三万八九千顷。每亩所减石余，即仅校四五百万石（《新唐书》作"岁少四五百万斛"）矣。地利损耗既如此，……欲求强富，其可得乎？[注六]

两渠溉田面积激减的原因，除如作者所说由于过去长期战乱的影响外，又由于唐人在渠旁普遍设立水磨来取利，致溉田之水锐减。《通典》卷二云：

永徽六年，雍州长史长孙祥奏言，"往日郑白渠溉田四万余顷。今为富商大贾竞造碾硙，堰遏费水，渠流梗涩，止溉一万许顷"。……太尉无忌对曰："白渠……比为碾硙用水洩渠，水随入滑，加以壅遏耗竭，所以得利遂少。"于是遣祥等分检渠上碾硙，皆毁之。至大历中，水田才得六千二百余顷。

又李吉甫《元和郡县图志》卷一云：

大唐永徽六年，雍州长史长孙祥奏言："往日郑白渠溉田四万余顷。今为富僧大贾竞造碾硙，止溉一万许顷。"于是高宗令分检渠上碾硙，皆毁撤之。未几，所毁皆复。广德二年，臣吉甫先臣文献公（李栖筠）为工部侍郎，复陈其弊。代宗亦命先臣拆去私碾硙七十余所。[注七]岁余，先臣出牧常州，私制如初。至大历中，利所及才六千二百余顷。

其后到了唐末，关中两渠的水利还是大部分给权豪设立的碾硙侵占了去。《全唐文》卷八八僖宗《命相度河渠诏》云：

关中郑白两渠，古今同利，四万顷沃饶之业，亿兆人衣食之源。比者权豪竞相占夺，堰高硙下，足明弃水之由。稻浸稑浇，乃见侵田之害。……[注八]

再往后，到了北宋至道二年（996年），关中水利更远不如唐代，这时两渠所溉之田连二千顷也不够了。《宋会要·食货》七云：

> （至道）二年四月，皇甫选何亮等言："奉诏往诸州兴水利，臣等先至郑渠，相视旧迹。案《史记》，郑渠元引泾水，自仲山西抵瓠口，并北山，东注洛，三百余里，溉田四万顷，收皆亩一钟。白渠亦引泾水，首起谷口，尾入栎阳，注渭中，袤二百余里，溉田四千五百顷。两处共四万四千五百顷。今之存者不及二千顷，乃二十二分之一分也。询其所由。皆云：因近代职守之人，改修渠堰，拆坏旧防（原作"坊"，从秦议改），走失其水，故灌溉之功绝不及古渠。……"［注九］

复次，战国时史起因引漳水溉邺而兴修的水利工程，到了唐宋时代，也废弃无用，以致昔日可耕之地都变作荒田。李焘《续资治通鉴长编》卷一〇四天圣四年八月辛巳条云：

> 先是审刑院常议官太常博士馆陶王沿上疏言："河北为天下根本，其民俭啬勤苦，地方数千里，古号丰实。……魏史起凿十二渠，引漳水溉斥卤之田，而河内饶足。唐至德（756—757年）后渠废，而相、魏、磁、洺之地并漳水者屡遭决溢，今皆斥卤不可

耕。……"[注一〇]

此外，宋代河北又因与契丹为邻，及黄河屡次泛滥，农耕之地越来越少。欧阳修《河北奉使奏草》卷下《论河北财产上时相书》云：

> 河北之地……缘边广信、安肃、顺安、雄、霸之间，尽为塘水，民不得耕者十八九；澶、卫、德、博、滨、沧、通利、大名之界，东与南岁岁河灾，民不得耕者十五六；……沧、瀛、深、冀、邢、洺、大名之界，西与北咸卤大小盐池，民不得耕者十三四。又有泊淀不毛，监马棚牧，与夫贫乏之逃而荒弃者，不可胜数。

由此可知，唐宋时代的北方，水利经济非常落后，已经不复是古代的财富之区了。

当北方经济日形衰落的时候，南方（较偏于东）却脱离了《史记·货殖传》所描写的"地广人稀"及"无积聚而多贫"的状态，而成为全国经济最发达、财富最丰盛的地方。原来自从汉末乱离以后，北方人士有鉴于战争对他们生存的威胁，多避难到比较安全的南方去，其中尤以五胡乱华晋室南渡时为甚。这一大批生力军南迁以后，正好利用他们的进步的技术和刻苦耐劳的精神来开发南方蕴藏丰富的处女地。因此，经过这次历史上的大移民以后，南方经济便渐渐发达起来。这种情形，在南北朝时代已经相当显著。《宋书》卷五四《孔季恭等传论》云：

> 江南之为国盛矣！……自晋氏迁流，迄于太元之世，百许年中，无风尘之警，区域之内晏如也。及孙恩寇乱，歼亡事极。自此以至大明之季，年逾六纪，民户繁育，将曩时一矣。地广野丰，民勤本业，一岁或稔，则数郡亡饥。会土带海旁湖，良畴亦数十万顷，膏腴土地，亩值一金，鄠杜之间不能比也。荆城跨南楚之富，扬部有全吴之沃。鱼盐杞梓之利，充仞八方。丝绵布帛之饶，覆衣天下。

其后到了唐代，江淮一带更为富庶。这时的淮南，陆贽在《授杜亚淮南节度使制》（《文苑英华》卷四五四）中曾加以描写：

> 淮海奥区，一方都会。兼水漕陆鞔之利，有泽渔山伐之饶。俗具五方，地绵千里。

关于这里物产的富庶情形，贾至《送蒋十九丈奏事毕正拜殿中归淮南幕府序》（《文苑英华》卷七二○）云：

> 鱼盐之殷，舳舻之富，海陵所入也。齿革羽毛，玄纁玑组，东南所育也。

这时的浙西是"三吴之会，有盐井铜山，有豪门大贾，利之所聚，奸之所生"[注一一]。其中湖州一地，"其贡橘柚纤缟茶纻。其英灵所诞，山泽所通，舟车所会，物土所产，雄于楚越。虽临淄之富，不若也"[注一二]。浙东的"机杼耕稼，提封九州，其间茧税鱼盐，衣食半天下"[注一三]。其中的越州是"铜铁材竹之货殖，舟车包篚之委输，固已被四方而盈二都矣"[注一四]。此外，在江西一带，江州"缗钱粟帛，动盈万数"[注一五]；吉州庐陵则有"材竹铁石之赡殖，苞筐纬缉之富聚，土沃多稼，散粒荆扬"[注一六]。

由上述，可知唐代江淮一带工、矿、农、林等生产事业都有飞跃的进展，从而成为全国财赋之区。在这几种产业中，农业的生产尤为发达，因为当日人们在江淮各地都普遍地发展水利事业，例如在淮南方面，贞观年间（627—649年）李袭誉在扬州"引雷陂水，又筑勾城塘，溉田八百余顷，百姓获其利"；[注一七]及贞元四年（788年），杜亚又"修利旧防（爱敬陂），节以斗门，……其夹堤之田，旱暵得其溉，霖潦得其归；化硗薄为膏腴者，不知几千万亩"[注一八]。元和中（806—820年），李吉甫"于高邮县筑堤为塘，溉田数千顷，人受其惠"[注一九]。复次，在江浙方面，大历十二年（777年），王昕在句容绛岩湖"置两斗门，用以为节，旱暵则决而全注，霖潦则潴而不流。……开田万顷，赡户九乡"[注二〇]。元和八年（813年），孟简在常州"开古孟渎长四十一里，灌溉沃壤四千余顷"[注二一]。贞元十二年（796年），于頔在湖州长城县的西湖作塘储水，"溉田三千顷，……岁获秔稻蒲鱼之利"[注二二]。宝历中(825—826年)归珧在余杭县开"北湖……溉田千余顷"[注二三]。约高宗时(650—683年),杨德裔"在会稽引陂水溉田数千顷,人获其利"[注二四]。明州鄮县水利更多,计"有小江湖,溉田八百顷,开元中(713—741年)令王元纬置。……有西湖,溉田五百顷,天宝二年(743年)令陆南金开广之。……有广德湖,溉田四百顷,贞元九年刺史任侗因故迹增修。……有仲夏堰,溉田数千顷,太和六年(832年)刺史于季友筑"[注二五]。除此以外。在江西方面,元和年间韦丹"筑堤扞江,长十二里,窦以疏涨,凡为陂塘五百九十八所,灌田万二千顷"[注二六];在湖北方面,贞元八年(792年)李皋在江陵"塞古堤,广良田五千顷,亩收一钟"[注二七];在湖南方面,长庆二年(822年)温造在朗州"开后乡渠百里,溉田二千顷,民获其利"[注二八]。以上是唐人在江淮各地注意灌溉及排水工作的概况。[注二九]水利大兴的一个结果,是各地增添许多顷生产力特别高的田地,构成江淮一带庞大的财富的基础。

唐代南方经济特别发达的趋势,到了宋代还是有增无已地继续发展下去。宋代江淮各地,由于自唐以来各种重要资源的大量开发,是全国物产最富饶的地方。例如两浙路"有鱼盐布帛秔稻之产";淮南东西路"土壤膏沃,有茶盐丝帛之利";江南东西路"川泽沃衍,有水物之饶,……而茗荈冶铸金帛秔稻之利,岁给县官用度,盖半天下之人";荆湖南北路"有材木茗荈之饶,金铁羽毛之利,其土宜谷稻,赋入稍多"[注三〇]。在上述东南各地生产的物品中,稻米的出产最为丰富。宋真宗曾设法从占城输入能够耐旱的稻米种子,在江、淮、浙较高仰的田地中普遍栽种。[注三一]同时,当日江南的农田水利又很发达。如范仲淹《政府奏议》卷上《答手诏条陈十事》云:

> 江南旧有圩田。每一圩方数十里,如大城。中有河渠,外有门闸。旱则开闸,引江水之利。涝则闭闸,拒江水之害。旱涝不及,为农美利。

这样一来,江淮的农业生产自然要作激剧的进展,故能成为全国的谷仓。单以苏州一地而论,稻田面积共有三万余顷,每年稻米产额竟达七百余万石之多。同上:

> 臣知苏州日,点检簿书,一州之田系出税者三万四十顷。十稔之利,每亩得米二石至三石,计出米七百余万石。东南每岁上供之数六百万石,乃一州所出。

由此推算当日整个江淮区域每年出产的稻米,数量自然更是庞大得惊人了。故宋代有句俗语说:"苏湖(或作常)熟,天下足"。[注三二]是有充分的事实作证的。复次,宋代南方的矿业也很繁荣,其产额远较北方为大。兹根据

《宋会要·食货》三三所载元丰元年(1078年)及元丰元年以前政府每年因收矿课(矿产税)而得的矿产数量，[注三三] 分为南北，列表如下，以见南北矿业盛衰的一斑：

北宋岁收银额表				
地点	元丰前收银额	百分比	元丰元年收银额	百分比
北方	一二四,七三一 两	三〇	三八,二二三 两	十八
南方	二九六,六九一 两	七〇	一七一,八八八 两	八二

北宋岁收铜额表				
地点	元丰前收铜额	百分比	元丰元年收铜额	百分比
北方	一六,一六六 斤	〇·一五	一五,四一一 斤	〇·一
南方	一〇,六九五,〇三三 斤	九九·八五	一四,五九八,五九八 斤	九九·九

北宋岁收铅额表				
地点	元丰前收铅额	百分比	元丰元年收铅额	百分比
北方	三,一八三,四一九 斤	三八	三,四三五,一七五 斤	四一
南方	五,一五〇,〇八二 斤	六二	四,八三九,七八八 斤	五九

此外，"锡坑冶祖额总计一百九十六万三千四十斤，元丰元年收总计二百三十二万一千八百九十八斤"，更是完全出于南方各地，北方虽也有出产，但产额微少到没有数字。[注三四]

最后，宋代南方的工业也很发达。上述江、淮、浙诸路都有丝帛之利。李觏对于当日东南纺织业之盛，更有综括的描述。《李直讲文集》卷一六《富国策第三》云：

> 愚以为东南之郡，……平原沃土，桑柘甚盛。蚕女勤苦，罔畏饥渴，急采疾食，如避盗贼。茧簿山立，缲车之声，连甍相闻。非贵非骄，靡不务此。是丝非不多也。

复次，自五代以来激剧发展的印刷业，也以南方为盛。北宋有四个印书中心，其中有三个在南方，只有一个在北方。叶梦得《石林燕语》卷八云：

> 今天下印书，以杭州为上，蜀本次之，福建最下。京师比岁印板，殆不减杭州，但纸不佳。

此外，北宋南方的铸钱工业，由于上述各种矿产供给的充分，也远较北方为盛。兹根据《宋会要·食货》一一及《文献通考》卷九，把元丰（1078—1085年）以前及元丰年间各州军每年铜钱的铸造额，分为南北，加在一起，列表如下：

地点	元丰前铸钱额	百分比	元丰间铸钱额	百分比
北方	七八 万贯	二一	一二六 万贯	二五
南方	二九五 万贯	七九	三八〇 万贯	七五

由上所述，可知宋代南方的农工矿等生产事业，都远较北方为发达。这种南北经济发展的差异，当时的人也曾经感觉到，故李觏有天下根本在江淮之说。《李直讲

文集》卷二八《寄上富枢密书》云：

> 觇江南人，请言南方事。当今天下根本，在于江淮。天下无江淮，不能以足用。江淮无天下，自可以为国。何者？汴口之入，岁常数百万斛，金钱布帛百物之备不可胜计。而度支经费，尚闻有阙。是天下无江淮，不能以足用也。吴楚之地，方数千里，耕有余食，织有余衣，工有余财，商有余货。铸山煮海，财用何穷？水行陆走，馈运而去；而不闻有一物由北来者。是江淮无天下，自可以为国也。

又宋祁亦曾把当日西北和东南物产贫富的情形加以比较，《宋景文杂说》云：

> 东南奈何？曰：其土薄而水浅，其生物滋，其财富。……西北奈何？曰：其土高而水寒，其生物寡，其财确。

综括上文，可知中国的经济重心，由古代到唐宋，有由北方迁移至南方的趋势。在古代，北方水利发达，农田肥沃，光是关中一地，其财富已居全国的十分之六。至于当时的南方，资源蕴藏虽富，但因并未开发，和北方经济发达的情形比较起来，自不免相形见绌。这种南贫北富的情形，自汉末至隋代渐渐发生转变。及唐宋时代，南北经济发展的情形遂和古代完全相反，在经济地理上无异发生一场革命。这时北方水利失收，土地的生产力一天比一天低落下去，处处都表现着贫穷的状态。反之，南方各地，尤其是江淮一带，由于各种资源的大量开发，却变为全国财赋之区。其中光是浙江的机杼耕稼，已经是"衣食半天下"。若就整个江淮区域来说，它简直是全国的谷仓，和衣料的取给地；此外其他各种物产，也都非常富饶。这样一来，当日全国的经济重心，已不复像古代那样的在北方，而移至南方，不是很明显的事吗？

可是，自隋以后，中国的经济重心虽然已经南移，军事政治的重心，由于地理与国防的关系，却仍旧留在北方。在航海技术尚未特别进步，海道交通尚没有划时代地开展以前，中国东南沿海区域最为安全，很少外患的威胁，国防问题并不重要。反之，在西北方面，因为须防御吐蕃及其他漠北民族的入侵，国防问题却很迫切，有配置重兵的必要。军事重心既然仍在北方，为着便于控制在那里驻屯的重兵，中央政府遂只好仍旧留在北方。在北方较偏于西的长安，处于陕北高原与秦岭山脉之间的渭河盆地，地势险要，一方面便于向西北拓展，他方面可以控制全国，故成为隋唐大一统帝国的首都。其后到了北宋，主要的敌人仍在北方(契丹)和西北(西夏)；为着防御外患的威胁，全国的军事政治重心也在北方。这时政府有鉴于唐末五代藩镇的跋扈，采取中央集权政策，从而集重兵于中央。兵多了，粮食的需要特别增大，故须改在较近江淮而便漕运的汴京来建都。就对西北的开拓上说，这个首都的位置和隋唐的长安比较起来虽然较为内向，但究竟仍居于北方。故北方仍是全国军事政治重心所在地。

根据上述，可知我国第二次大一统帝国出现时的客观形势，和第一次大一统时有些不同。当第一次大一统的时候，全国军事政治和经济的重心全在北方，问题比较简单。可是到了第二次大一统帝国出现的时候，军事政治重心虽然仍在北方，经济重心却已迁移到南方去了。因此，和第二次大一统帝国出现的同一时间，便发生了一个新的问题，即如何把这已经南移的经济重心和尚留在北方的军事政治重心连系起来，以便这个伟大的政治机构能够运用灵活，尽量发挥它的作用。

能够满足这种需要的交通线，是那沟通南北的运河。本来，中国不是没有可航的天然河道，但这些河道大都循着东西方向来走，并不能把北方的军事政治重心和南方的经济重心连系起来。至于连系南北的陆路交通线（例如唐代的驿道），当配备好驿马的时候，旅行甚至比在运河航行为快，但却不能把南北密切连系起来；因为陆路运费远较水路为贵，而运输量又远较水路为小。因此，在当日生产方法仍滞留在手工阶段，从而木船是最经济而有效的水路运输工具的情形下，最有资格把军事政治重心和经济重心连系起来的交通线当然是运河了。

由上所述，可知运河是在隋唐大一统帝国的新的客观形势下产生出来的。它的开凿，实是适应时代的需要。隋炀帝本人固然因醉心于江都的繁华而开运河，但当日要求沟通南北的客观形势既然已经存在，就是没有炀帝这个人，也一定有其他人出来开辟一条连系南北的新河道的。因此，最初开凿时虽然因工程伟大而花费了许多人的心血与劳力，但他们的血汗流得并不冤枉，因为自他们开凿完毕以后，无限大的代价正跟着在此后的数百年内报偿出来。

关于这种情形，唐宋时代的人已有深刻的认识。例如唐皮日休《皮子文薮》卷四《汴河铭》云：

夫……垂后以功者，当时劳而后时利。……隋之疏淇汴……在隋之民不胜其害也，在唐之民不胜其利也。今自九河外，复有淇汴……南运江都之转输，其为利也博哉！不劳一夫之荷畚，一卒之凿险，而先功巍巍，得非天假暴隋，成我大利哉！

又宋卢襄《西征记》《说郛》卷二四）云：

遂念隋大业间炀帝所以浚辟使达于江者，不过事游幸尔。……今则每岁漕上给于京师者数千百艘，舳舻相衔，朝暮不绝。盖有害于一时，而利于千百载之下者。天以隋为我宋王业之资也。

综括上文，我们可知隋代的开凿运河绝不是偶然的事，它实是时代必然的产物；因为在当日伴着新兴的大一统帝国而生的客观形势之下，有开辟这一条沟通南北的运河之必要。可是，在此后唐宋数百年内，这条大动脉并不是时时都能畅通无阻，以尽它的任务；因为有时由于军事政治方面各种特殊形势的发生，它不免要被阻塞，从而大一统帝国的整个机构便因军事政治重心与经济重心的分离而不能灵活地发挥它的作用。因此，运河之于唐宋帝国，着实像动脉之于身体那样，它的畅通与滞塞，在在都足以影响到国运的兴隆和衰替。现在让我们按照时间的先后来考察唐宋时代运河通塞的情形，及唐宋帝国因此而受到的影响。

● 注释

[注一] 《隋书》卷三《炀帝纪》，《通典》卷一〇，《资治通鉴》卷一八〇及一八一。关于通济渠，《通鉴》以为先入泗水，然后流入淮河，与《隋书》由黄河直接流入淮河之说异。日人青山定男在《唐宋汴河考》(《东方学报》第二册，东京)一文中反对

《通鉴》，赞成《隋书》之说，甚有见地。

[注二] 顾祖禹《读史方舆纪要》卷四六云："汴水即禹贡之灉水……春秋时谓之泌水……秦汉间曰鸿沟……汉志谓之茛荡渠……亦曰荥阳漕渠。"

[注三] 青山定男《唐宋汴河考》。

[注四] Ch'ao-Ting Chi（冀朝鼎）, *Key Economic Areas in Chinese History*. P. 14.

[注五] 参考拙著《中古自然经济》（本所《集刊》第十本第一分）第一章。

[注六] 《新唐书》卷二一五上《突厥传论》，《全唐文》卷四七七《杜佑御夷狄论》略同。

[注七] 关于李栖筠拆毁碾硙的记载，参考《新唐书》卷一四六本传，及王谠《唐语林》卷一。

[注八] 唐代两渠灌溉面积所以锐减，除由于碾硙外，北宋张方平以为唐代的达官贵人竞筑池榭林苑来享乐，也是其中一个原因。《乐平集》卷一九《足食》云："或难臣曰：昔唐氏都关中，肃代兵兴，中外艰食……岂二渠之利不兴于尔时乎？臣对曰：昔在唐初，二渠所溉犹万余顷。及承平渐久，事不务本，沃衍之地，占为权豪观游林苑，而水利分于池榭碾硙。以故亡天府之利，贻天下之害。故二渠难复于唐氏之时，正为建都于彼也。"

[注九] 杨士奇等编《历代名臣奏议》卷二四九，《宋史》卷九四《河渠志》略同。

[注一〇] 《宋史》卷三〇〇《王沿传》略同。

[注一一] 《文苑英华》卷四〇八，《全唐文》卷四一三，常衮《授李栖筠浙西观察使制》。

[注一二] 《文苑英华》卷八〇一，《全唐文》卷五二九，《顾况湖州刺史厅壁记》。

[注一三] 《文苑英华》卷四〇八，《全唐文》卷七四八，杜牧《授李纳浙东观察使兼御史大夫制》。

[注一四] 《全唐文》卷五二三，崔元翰《判曹食堂壁记》。

[注一五] 《文苑英华》卷八〇三，《全唐文》卷六八九，符载《江州录事参军厅壁记》。

[注一六] 《文苑英华》卷八〇五，《全唐文》卷六〇六，皇甫湜《吉州卢陵县令厅壁记》。

[注一七] 《旧唐书》卷五九,《李袭志传附袭誉传》,《唐会要》卷八九,《通典》卷二。
[注一八] 《文苑英华》卷八一二,《全唐文》卷五一九,梁肃通《爱敬陂水门记》,《新唐书》卷四一《地理志》。
[注一九] 《旧唐书》卷一四八,《新唐书》卷一四六,《李吉甫传》,《新唐书·地理志》。
[注二〇] 《文苑英华》卷八一三,《全唐文》卷四四五,樊询《绛岩湖记》,《新唐书·地理志》。
[注二一] 《旧唐书》卷一六三,《新唐书》卷一六〇《孟简传》,《地理志》,《唐会要》卷八九。
[注二二] 《旧唐书》卷一五六,《新唐书》卷一七二《于頔传》,《地理志》,《文苑英华》卷八〇一,顾况《湖州刺史厅壁记》。
[注二三] 《新唐书·地理志》。
[注二四] 《文苑英华》卷九五〇,杨炯《杨公墓志铭》。
[注二五] 《新唐书·地理志》。
[注二六] 《新唐书》卷一九七《循吏·韦丹传》,《地理志》,《文苑英华》卷八七〇,杜牧《江西观察使武阳公韦公遗爱碑》。
[注二七] 《新唐书》卷四〇《地理志》,卷八〇《李皋传》。
[注二八] 《新唐书》卷九一,《温造传》,卷四〇《地理志》。
[注二九] 关于江淮各地兴修水利的详细记载,请参考《新唐书》卷四〇至四一《地理志》。这里因篇幅所限,不能详述了。
[注三〇] 《宋史》卷八八《地理志》。
[注三一] 参考拙著《南宋稻米的生产与运销》,本所《集刊》第十本第三分。
[注三二] 同上。
[注三三] 原书本以州或军为单位来列举矿产数量。现在为便于比较起见,特地把南北各州军的数量分别加在一起。例如产银地点,北方包括登、莱、邓、商、虢、秦、陇、凤等州及凤翔府,南方包括越、衢、处、饶、信、虔、潭、衡、道、郴、福、建、泉、南、剑、汀、漳、广、韶、循、潮、连、贺、端、英、惠、藤、宜、高等州,建昌、邵武等军,及桂阳监。
[注三四] 《宋会要·食货》三三。

第二章

高宗以后的东都与运河

杜佑在《通典》卷一〇叙述大业元年炀帝开运河后，便紧跟着说"自是天下利于转输"，可见这条运河除开凿给炀帝由洛阳乘龙舟往江都游乐以外，在隋代也曾被用来转运物资。不过隋享国时日甚短，开河不久以后便告灭亡，故运河在隋代对于南北交通的贡献究竟有限。

隋亡以后，便是唐代。唐代国都所在的关中，一方面因为人口的增加，他方面因为土地生产力的减耗，其出产不足以满足当地的需要，[注一]故每年须从江淮输入大量的物资——尤其是米——来接济。在唐初高祖（618—626年）太宗（627—649年）时，中央政府的组织比较简单，驻在那里的府兵又都自备粮饷，[注二]故每年只由江淮经运河输入一二十万石的米便已足用，问题自较简单。[注三]可是，自高宗（650—683年）以后，一方面由于政府组织的扩大，他方面由于府兵制变为募兵制，政府经费的开支，无论是官吏的薪俸，或是军队的给养，都一天比一天增大，从而每年仰给江淮的粮食也就激剧增加起来了。

政府组织扩大的一个特征是官员的增加。在太宗时，内外文武高级官员一共才六四二人（《通典》卷一九）。及高宗显庆初（656年），一品以下九品以上的内外文武官却激增至一万三千四百六十五员（《通典》卷一七）。后一数字所以远较前一数字为大，固然由于后者连中下级官员也包括在内，但高宗时官员的激增却是不可否认的事实。其后，到了武后时(684—705年)，因为要收揽人心，官员人数增加得更为厉害。《通典》卷一五云：

> 及武太后临朝，务悦人心，不问贤愚，选集者多收之。职员不足，乃令吏部大置试官以处之。故当时有车载斗量之谣。

再往后，到了中宗(705—710年)睿宗(710—712年)时代，官员增加的趋势还是继续下去。同上：

> 及神龙(705—707年)以来，复置员外官二千余人，兼超授阇官为员外官者又千余人。时中官用事，恩泽横出，除官有不由宰司，特敕斜封便拜。于是内外盈溢，居无廨署。时人谓之三无坐处，言宰相御史及员外官也。

又杜佑《省官议》(《全唐文》卷四七七)云：

> 神龙中，官纪隳紊……于是奏署员外官者二千余人。自尔遂为恒制。

又李峤《请减员外官疏》(《全唐文》卷二四七)[注四]云：

> 自宝命中兴，鸿恩溥及，唯以爵赏为惠，不择才能任官。授级加阶，朝廷多改。正缺不足，加以员外。非复求贤助理，多是为人择官。接武随肩，填曹溢府。

当日官员人数激增的结果，俸禄的开支便要跟着增加，从而运河的负担也就特别加重起来。《新唐书》卷一二六《卢怀慎传》云：

> 神龙中，迁侍御史。……迁右御史台中丞，上疏陈时政曰："……今京诸司员外官数十倍，近古未有。……而奉禀之费，岁巨亿万，徒竭府藏，岂致治意哉！今民力敝极，河渭广漕，不给京师，公私耗损。……"[注五]

这种情形，到了开元年间还是一样的严重。开元二十一年(733年)裴耀卿的奏疏说：

> 往者贞观、永徽之际，禄廪数少，每年转运不过一二十万石，所用便足。……今升平日久，国用渐广，每年陕洛漕运数倍于前，支犹不给。[注六]

复次，约在上述政府组织扩大，从而官员人数激增的同一时间内，唐代的兵制又发生激剧的变化，即由府兵制变为募兵制。府兵是兵农合一的军队，他们自给自足，不用政府供给衣粮等物，故关中驻兵虽然很多，[注七]政府经费的开支并不因此而特别增大。可是，自高宗武后时起，府兵制已经逐渐崩坏；其后到了玄宗开元十一年，由于张说的提议，政府遂改府兵制为募兵制，名曰彍骑。《新唐书》卷五〇《兵志》云：

> 自高宗、武后时，天下久不用兵，府兵之法浸坏，番役更代多不以时，卫士稍稍亡匿。至是（开元间）益耗散，宿卫不能给。宰相张说乃请一切募士宿卫。（开元）十一年，取京兆、蒲、同、岐、华府兵及白丁，而益以潞州长从兵，共十二万，号长从宿卫。岁二番，命尚书左丞萧嵩与州吏共选之。明年，更号曰彍骑。[注八]

这样一来，唐代兵制遂由兵农合一变为兵农分离，从而军队的给养亦改由国家负担。这自然要影响到政府经费开支的增大，从而每年漕运的数额也有大量增加的必要。关于此点，宋代的吕祖谦已有详尽的发挥，他的《历代制度详说》卷四说：

> 唐时，全倚之江淮之粟。唐太宗以前，府兵之制未坏。有征行便出兵行兵，不征行，各自归散于四野，未尽仰给大农。所以唐高祖、太宗运粟于关中不过十万。后来明皇府兵之法渐坏，兵渐渐多，所以漕粟自此多。且唐自明皇以后，府兵之法已坏，是故用粟乃多。向前府兵之法未坏，所用粟不多，唐漕运时李杰、裴耀卿[注九]之徒未甚讲论。到二子讲论，自是府兵之法既坏，用粟既多，不得不讲论。……唐之李杰裴耀卿之议，都不曾见于高祖太宗

之世，但只见于……中、睿、明皇之时，正缘……唐中、睿之后，府兵之法坏，聚兵既多，所以漕运不得不详。大抵这两事常相为消长，兵与漕运常相关。所谓宗庙射飨之类，十分不费一分。所费广者，全在用兵。所谓漕运，全视兵多少。

当关中对江淮物资较前特别需要的时候，每年像高祖太宗时那样经运河输送入关的微小数量自然不能满足，从而有扩大漕运数额的必要。可是由江淮到长安的路程很远，要增加漕运数额并不是一件容易的事，因为其中有许多困难存在着。

唐初由南方运往中央政府的物资，包括人民当作租来缴纳的米，和当作庸调来缴纳的布帛，而两者中米粮一项尤为重要。江南各地的人民，除缴交这些物品以外，并须各出脚钱(运费)，以便派人用船装载运往洛阳。负责在这一段路上运送物资的人，最感觉困难的是沿途经过的长江、山阳渎、汴河及黄河等水流深浅的不同。因为"江南……每州所送租及庸调等，本州正月二月上道，至扬州入斗门，即逢水浅，已有阻碍，须停留一月以上。三月四月后始渡淮入汴，多属汴河干浅，又船运停留。至六月七月后始至河口，即逢黄河水涨，不得入河，又须停一两月。待河水小，始得上河入洛，即漕路干浅，船艘隘闹，般载停滞，备极艰辛。计从江南至东都（洛阳），停滞日多，得行日少，粮食既皆不足，折欠因此而生。又江南百姓不习河水，皆转雇河师水手，更为损费"。[注一〇] 总之，由于经由各河水流深浅的不同，他们因沿途停滞及另雇河师水手而受到的时间上和物质上的损失是很大的。但虽然如此，处于长安和江淮之间的洛阳，因为地点适中，交通便利，仍不失为一个重要的转运中心，每年都有大量的物资由江淮到达，以便转运往北方各地来使用。[注一一]

江淮物资运抵洛阳以后，还要经历八百多里的路程，才能到达长安，在这绵长的路上，洛阳陕州（今河南陕县）间三百里的运输最为困难。唐初因为船只航经三门底柱的险滩（在今河南陕县北黄河中）时常发生覆溺的惨剧，这两地间的运输多不经由黄河，改走陆路，用大车或马来运送。[注一二] 陆路运费非常昂贵，计由洛阳运米至陕，每两石花钱一千文。[注一三] 这一大笔运费和储藏费也由人民负担，他们"每丁支出钱百文，充陕洛运脚，五十文充营窖等用"[注一四]。其后到了开元初年，河南尹李杰为陆运使，曾经改善这段路的运输，他从"（洛阳）含嘉仓至（陕州）太原仓，置八递场，相去每长四十里。每岁冬初起运八十万石，后至一百万石。每递用车八百乘，分为前后交，两月而毕。其后渐加"[注一五]。他这样改良以后，运输量固然较前增加，运费却没有跟着减少，人民的劳费还是不能免除的。

当陕洛间陆运过于劳费的时候，人们也想到改善黄河航运，以代替这种不经济的运输。高宗显庆元年（656年），由于苑西监褚朗的建议，政府曾派兵六千人凿三门山，以便船只到达三门底柱时改用陆运，但结果没有成功。[注一六] 其后将作大匠杨务廉又在三门山开凿栈道，以便船上滩时拉纤之用，但拉纤时船夫多因绳断坠崖而死，成绩并不怎么满意。

关于杨务廉在三门山开凿栈道，及其后船夫在这条路上牵船上滩的情形，张鷟《朝野佥载》卷二有详细的记载：

> 杨务廉……授将作大匠……陕州三门凿山，烧石岩，侧施栈道。牵船河流湍急。所顾夫并禾与价直。苟牵绳一断，栈梁一绝，则扑杀数十人。取顾夫钱，籴米充数。即注夫逃走，下本贯禁父母兄弟妻子牵船。皆令系二瓠于胸背。落栈着石，百无一存。满路悲号，声动山谷，皆称杨务廉妖人也，天生此妖，以破残百姓。

《新唐书》卷五三《食货志》节取此文，记载较为简明：

其后将作大匠杨务廉又凿（三门山）为栈，以挽漕舟。挽夫系二觚于胸。而绳多绝，挽夫辄坠死。则以逃亡报，因系其父母妻子。人以为苦。

江淮租米运抵陕州太原仓后，复由黄河运往位于渭河河口的永丰仓。[注一七]这一段路线全赖水运，问题比较简单。大约太原仓距离码头还相当的远，[注一八]从那里用车运米[注一九]上船颇为劳费，故开元初陕州刺史姜师度特地改良码头的设备。他"立注楼，从仓建槽，直至于河，长数千丈，而令放米。其不快处，具大把推之。米皆损耗，多为粉末，兼风激扬。凡一函失米百石，而动即千万数。遣典庾者偿之，家产皆竭。复遣输户自量，至有偿数十斛者。甚害人，方停之"。[注二〇]总之，姜师度建槽注米固不失为一个聪明的办法，但因实行起来，米的损耗也很多，故终于停废不用。

运抵永丰仓的米粮，因为渭河不便航运，又须用牛车运往长安的太仓。景龙三年，"关中饥，米斗百钱。运山东、江、淮谷输京师，牛死什八九"[注二一]。可见这最后一段运路的运输工具也是很有问题的。

由上所述，我们可知唐初由江淮运米到长安去，要经历一段绵长而又艰苦的路程。在这一大段路程中，由江淮到洛阳一段，因为隋炀帝时曾经花过很大的心思与劳力来加以整顿，运输全赖水道，交通尚称方便。至于洛阳以西一段，因为隋代政府并没有怎样整顿，[注二二]或虽然整顿而得不到久远的利益，[注二三]故到了唐初，运输还是非常艰难劳费。当日洛阳以西的运输既然有这许多不易克服的困难，上述高宗以后关中因政府经费开支激增而起的对于大量粮食的需要，自然不能满足。这样一来，由于军事政治重心与经济重心的不能密切连系，这个大一统帝国的中枢便常常表现出困难来。为着要弥补这种缺憾，政府遂把交通便利，江淮物资到达较易的洛阳建为东都，以便遇必要时上自皇帝下至各级公务员都由长安迁移到那里去办公。

洛阳在隋代已被建为东都，但到唐武德四年(621年)又复废罢，改称洛阳宫。及显庆二年(657年)，由于事实上的需要，高宗又建为东都。[注二四]他在《建东都诏》(《全唐文》卷一二)中说，"此都中兹宇宙，通赋贡于四方。……岂得宅帝之乡，独称都于四塞？来王之邑，匪建国于三川？宜改洛阳宫为东都。"可见他所以要在洛阳建立东都，主要由于那里交通方便，四方(事实上以江淮为主)租赋易于集中的原故。东都建立以后，他便时常行幸，即由长安搬家到那里去居住。

在高宗以前，太宗也曾三度行幸洛阳，但时间甚短，而在史书的记载上也找不到经济方面的原因。第一次在贞观十一年(637年)二月，留住一年。这次行幸的目的，因史书记载有阙，我们不便臆测。第二次在十五年正月，目的在登封泰山，但其后却因星变而止，住了十个月便转回长安去。第三次在贞观十八年十月，这是路过的性质，住了三个月，即统率六军往征高丽。[注二五]

和太宗时正正相反，高宗行幸洛阳的时间很长，而且主要由于经济方面的原因。他自显庆二年建东都时起，一共行幸过七次：第一次在显庆二年正月，留住一年；第二次在显庆四年闰十月，住两年半；第三次在麟德二年(665年)正月，住十个月；第四次在咸亨二年(671年)正月，住一年零十一个月；第五次在上元元年(674年)十一月，住一年零四个月；第六次在仪凤四年(679年)正月，住一年零九个月；最后一次在永淳元年(682年)四月，到明年十二月遂死于洛阳。[注二六]总计在显庆二年以后的二十六七年内，高宗行幸洛阳的时间几乎要占去一半。而且在这七次行幸中，有四次都在正月离长安，这显然是因为那时关中青黄不接，粮食供给不足的原故。其余三次也在正月的前后出发，而没有在秋收时离长安的。可见高宗所以屡次行幸洛阳，实以经济的原因为主。

虽然文书记载有阙，关于上述高宗的七次行幸，我们还可考出其中四次的确由于经济上的原因：

（1）高宗在显庆二年正月行幸洛阳以后，便把洛阳建为东都。上面曾经说过，他所以要在洛阳建立东都，是因为那里"通赋贡于四方"的原故。可见高宗这次行幸，目的在于租赋的取给。

（2）关于咸亨二年的行幸，《册府元龟》卷一一三云：

> 咸亨元年……九月丁丑，以京师久旱，诏来年正月幸东都。

按咸亨元年关中的旱灾非常严重，《新唐书》卷三《高宗纪》载是年：

> 七月甲戌，以雍、华、蒲、同四州旱，遣使虑囚，减中御诸厩马。……八月庚戌，以谷贵禁酒。……丙寅，以旱避正殿减膳。……闰（九）月癸卯，皇后以旱请避位。……是岁大饥。

由此可知，咸亨二年高宗所以行幸，是因为前一年关中大旱，发生粮食恐慌，故迁往江淮米粮较易到达的洛阳来就食。他于出发前召集长安父老来宴别，也把这次行幸的原因说得很清楚。《全唐文》卷一四《赐京城父老敕》云：

> 自从去岁关中旱俭，禾稼不收，多有乏绝。百姓不足，责在朕躬。每自思此，深以为愧！今雒口

仓廪且复充实,更为转运,于是艰辛。理有便宜,所以行也。故召卿等为宴别耳。

(3)关于仪凤四年行幸的原因,高宗在前一年十月的《幸东都诏》[注二七]中说:

> 咸京天府,地隘人繁。百役所归,五方昇萃。虽获登秋之积,犹亏荐岁之资。眷言于此,思蠲徭赋。夫以交风奥壤,测景神州,职贡所均,水陆辐辏,今兹丰熟,特倍常时。事贵从宜,实惟权道。即以来年正月幸东都。关内百姓宜免一年庸调及租,并地子税草。其当道诸县,特免二年。

诏中明说关中农产虽然收成很好,也因需要激增而无法供应,故政府须迁移到租赋较易取给,农产特别丰收的洛阳来办公,以便减轻关中百姓的负担。可见这次行幸的原因,也属于经济方面。

(4)最后,关于永淳元年的行幸,《旧唐书》卷五《高宗纪》载是年四月:

> 丙寅,幸东都。皇太子京师留守,命刘仁轨、裴炎、薛元超等辅之。上以谷贵,减扈从兵。士庶从者多殍踣于路。[注二八]

又《通鉴》卷二〇三亦云:

> 上以关中饥馑,斗米三百,将幸东都。(永淳

元年四月）丙寅，发京师。……时出幸仓卒，扈从之士有饿死于中道者。

可见高宗最后一次行幸时，关中因供需失调而发生的粮食恐慌，严重到要威胁一般人的生存，故政府不得不迁移到洛阳来工作，以便得到充分食粮的供应。

高宗死，武后(683—705年)临朝称制。她独揽大权后，于光宅元年(684年)九月改东都为神都[注二九]。在她执政的二十余年内，除由大足元年(701年)十月至长安三年(703年)十月，在长安居住两年外，其余时间都在洛阳(时称神都)居住。[注三〇] 她所以长期留居洛阳，固然与她的政治野心有关，但当日两都经济状况的不同，也是其中一个很重要的因素。

当高宗死，武后拟护送灵驾返长安的时候，陈子昂即以长安物资的供给远不及洛阳那样方便为理由，而加以谏阻。《陈伯玉文集》卷九《谏灵驾入京书》云：

> 伏惟大行皇帝之遗天下，弃群臣……臣伏见诏书，梓宫将迁坐京师，銮舆亦欲陪幸，计非上策，智者失图。……三辅……顷遭荒馑，人被荐饥。自河而西，无非赤地。循陇以北，罕逢青草。莫不父兄转徙，妻子流离，委家丧业，膏原润莽，此朝廷之所备知也。赖以宗庙神灵，皇天悔祸，去岁薄稔，

前秋稍登，使赢饿之余，得保性命，天下幸甚，可谓厚矣。然而流人未返，田野尚芜，白骨纵横，阡陌无主，至于蓄积，犹可哀伤。陛下不料其难，贵从先意，遂欲长驱大驾，按节秦京，千乘万骑，何方取给？……况国无兼岁之储，家鲜过时之蓄。一旬不雨，犹可深忧。忽加水旱，人何以济？陛下不深察始终，独违群议，臣恐三辅之弊，不止如前日矣。……瀍涧之中，天地交会。北有太行之险；南有宛叶之饶；东压江淮，食湖海之利；西驰崤渑，据关河之宝。……陛下不思瀍洛之壮观，关陇之荒芜，遂欲弃于太山之安，履焦原之险，忘神器之大宝，循曾闵之小节，臣愚昧以为甚也。……臣又闻太原（按：指陕州太原仓）蓄巨万之仓，洛口积天下之粟，国家之宝，斯为大矣。今欲舍而不顾，背以长驱，使有识惊嗟，天下失望。倘鼠窃狗盗，万一不图，西入陕州之郊，东犯武牢之镇，盗敖仓一抔之粟，陛下何以遏之？此天下之至机，不可不深惟也。[注三一]

其后武后回长安居住时，李峤为神都留守，[注三二]表请车驾还洛，也以洛阳交通方便，物产丰富为理由。《文苑英华》卷六〇〇李峤《在神都留守请车驾还洛表》(《全唐文》卷二四五同)云：

今三秋告稔，万宝已成，阴阳所和，稼穑遍茂。却连泽、潞、汾、曲、叙庙（？）荆、扬、海隅、万庾同殷，千箱（一作"斯"）并咏。禾萌九穗，未曰休征。谷石五钱，讵名丰穰。加以舟车并凑，水陆交冲，物产尤多，观听胥悦。……伏愿陛下……回舆驻跸……

及武后于长安三年冬返洛后，明年又拟再幸长安。杨齐哲大加反对，其所持理由与陈子昂所说大同小异。《唐会要》卷二七云：

长安四年，幸西京（原文误作"凉"，今改正），杨齐哲上书谏曰："……陛下以大足元年冬迺眷咸京，长安三年冬还洛邑，四年又将西幸，圣躬得无穷于车舆乎？士卒得无弊于暴露乎？……陛下今幸长安也，乃是背逸就劳，破益为损。何者？神都帑藏储粟，积年充实，淮海漕运，日夕流衍；地当六合之中，人悦四方之会；陛下居之，国无横费。长安府库及仓，庶事空缺，皆藉洛京转输，价直非率户征科，其物尽官库酬给，公私縻耗，盖亦滋多；陛下居之，是国有横费，人疲重徭。由此言之，陛下之居长安也，山东之财力日匮；在洛邑也，关西百姓赋役靡加。背逸就劳，破益为损，殷鉴不远，伏惟

念之。……"[注三三]

中宗于神龙元年(705年)正月复位后，又改神都为东都，[注三四]明年西迁长安[注三五]。自此时起，中经睿宗时代(710—712年)，前后一共八年，都没有行幸洛阳。这时政府的迁回长安，实与当日两都的经济状况不相符合，故西迁后中枢景况并不很好。

当中宗要离洛阳西迁时，许多人都因长安不如洛阳那样便于吸取江淮物资而表示反对。如《文苑英华》卷六〇〇李峤《百官请不从灵驾表》(《全唐文》卷二四五同)云：

> 臣峤等言：伏以灵驾遵途，圣恩攀从，国计非便。……永淳已后，关辅流散，近适旋定，人犹未足。……若陛下此行，群司毕从，于人取给，臣实难之。水旱小愆，农虑非浅。东都则水漕淮海，易资盐谷之蓄。……宜应镇定，未可移动。……况扈从兵马既不豫集，行宫廪蓄又未先备，发期俯迩，支计阙然，仓卒敦迫，必不敢办。……

又同书卷六〇五宋之问为《东都僧等请留驾(中宗)表》(《全唐文》卷二四〇同)云：

> 臣僧某等言：臣伏见某月日敕，以今月十九日将幸长安。东都道俗，不胜攀恋。……倘千官扈辇，同费太仓之粟，万国来庭，共索长安之米(原误作"来"，兹

从《全唐文》改正)，将何给用，以济公私？且东都有河朔之饶，食江淮之利，九年之储已积，四方之赋攸均。诚宜宅幸三川，宽徭八水，稍登稔岁，方事归銮。

但事实上政府终于不顾一切，迁回长安去。这是因为韦后是长安人，她主张迁向那里，以便实现她的政治野心的原故。关于此点，由下述一事可以推知。《通鉴》卷二〇九云：

是岁(景龙三年)关中饥，米斗百钱。运山东、江、淮谷输京师，牛死什八九。群臣多请车驾复幸东都。韦后家本杜陵，不乐东迁，乃使巫觋彭君卿等说上云："今岁不利东行。"后复有言者。上怒曰："岂有逐粮天子邪？"乃止。

当日政府的迁回长安，就物资的供给上说，既然是非常不经济的一回事，那么，西迁的结果自然不会好了。《新唐书》卷一二三《李峤传》云：

神龙二年，代韦安石为中书令。……上书……曰："……今百姓乏窘，不安居外，不可以守位。仓储荡耗，财力倾殚，不足以聚人。……江左困转输，国匮于上，人穷于下。……"

又上引《通鉴》也说政府留居长安时关中发生粮食恐慌。

和中、睿二宗完全相反，玄宗即位以后，又屡次行幸洛阳：第一次在开元五年（717年）正月，在那里住一年零九个月；第二次在十年正月，住一年零两个月；第三次在十二年十一月，住了将近三年；第四次在十九年十月，住了一年；最后一次在二十二年正月，住两年零九个月。[注三六]总计在最初执政的二十五年内，他行幸洛阳的时间共九年余，即占执政时间的三分之一以上。他所以这样屡次行幸洛阳，也和高宗武后一样，主要由于经济的原因。

玄宗即位不久，鉴于在长安时转运的劳费，即拟于先天二年（其后改称开元元年，713年）十一月行幸洛阳。他在是年七月发表的《行幸东都制》[注三七]说：

> 帝业初启，崤函乃金汤之地。天下大定，河洛为会同之府。周公测景，是曰土中。为六气之所交，均万方之来贡。引鱼盐于淮海，通杭纻于吴越。瞻彼洛汭，长无阻饥。自中宗入关，于今八载，省方之典，久而莫修。遂使水漕陆輓，方春不息；劳人夺农，卒岁河望。关东嗟怨，朕实闻焉。思欲宁人而休转运，馆谷而就敖庾。加以暑雨作害，灾沸秦川；岁星有福，祥归豫野。朕情深救弊，身岂怀安？……宜以今年十一月行幸东都。

但他这次行幸不见于两唐书《玄宗纪》，大约是后来因事没有成行的原故。

现在根据史书上的记载，我们可以考出玄宗各次行幸之经济的原因。兹分述如下：

（1）关于开元五年的行幸，《旧唐书》卷九六《姚崇传》载开元四年冬：

> 玄宗将幸东都……崇对曰："……陛下以关中不甚丰熟，转运又有劳费，所以为人行幸，岂是无事烦劳？……"……车驾乃幸东都。[注三八]

又《唐大诏令集》卷七九苏颋《幸东都制》（开元四年十二月三日）云：

> 东土耆老，倾心而俟予；中朝公卿，屡言以沃朕。咸谓国之中洛，王者上地，均诸侯之赋，当天地之枢，陆行漕引，方舟系轫，费省万计，利逾十倍。……宜以来年正月五日行幸东都。

可见玄宗这次行幸时，关中曾因供需失调而闹粮食恐慌，故迁往洛阳就食，以便减轻运输的劳费。其后关中农产丰收，粮食问题解决，政府遂又迁回长安。《册府元龟》卷一一三云：

> （开元）六年七月辛酉，诏曰："……时惟雍州，稼穑有年。……可以今年十月取北路幸长安。……"[注三九]

（2）关于开元十年(722年)行幸的原因，《唐大诏令集》卷七九《幸东都诏》(开元九年九月九日)云：

> 顷年关辅之地，转输实繁。重以河塞之役，兵戎屡动，千金有费，九载未储。怀此劳心，以增忧虑。……卜洛万方之隩，维嵩五岳之中，风雨之所交，舟车之所会，沟通江汉之漕，控引河淇之运。利俗阜财，于是乎在。今欲省其费务，以实关中，即彼敖仓，少资河邑。……宜以明年正月十五日幸东都。[注四〇]

又《册府元龟》卷一一三云：

> （开元）十年正月丁巳，幸东都。……八月壬子，制曰："朕顷自镐京省方于雒，本以息转输之费，即河瀍之殷。……"

（3）关于开元十二年(724年)行幸的原因，史书虽然没有明确的记载，但玄宗后来一直等到关中农产丰收才回长安去，其行幸的原因是显而易见的。《册府元龟》卷一一三云：

> （开元）十五年六月乙巳，西京父老诣阙上表请幸。帝手诏许之。甲寅，制曰："……我来于东，岁亦数稔。而西土耆老，徯予多怨。况关辅之地，顷则有年。……可以今年闰九月十日取北路幸长

安。……"[注四一]

（4）关于开元十九年(731年)东幸的原因，《册府元龟》卷一一三云：

（开元）十九年六月丁卯，制曰："三秦九雒，咸曰帝京。五载一巡，时惟邦典。上腴多饶衍之美，仍劳于转输。中壤均舟车之凑，颇闻于殷积。朕所以相时度宜，期于利物者也。况河汴频稔，江淮屡登，二周驰望幸之诚，三川勤徯予之请。……而顷京辅近甸，膏泽未均；陕雒之交，稼穑亦盛。……宜以今年十月四日幸东都，所司准式。"[注四二]

（5）关于开元二十二年(734年)东幸的原因，《旧唐书》卷九八《裴耀卿传》云：

明年（开元二十一年）秋，霖雨害稼，京城谷贵。上将幸东都，独召耀卿问救人之术。耀卿对曰："……伏以陛下仁圣至深，忧勤庶政，小有饥乏，降情哀矜，躬亲支计，救其危急。……今既大驾东巡，百司扈从，太仓及三辅先所积贮，且随见在发重臣分道赈给，可支一二年。从东都更广漕运，以实关辅，待稍充实，车驾西还，即事无不济。臣以国家帝业本在京师，万国朝宗，百代不易之所。但为秦中地狭，收粟不多，倘遇水旱，便即匮乏。往者贞观、永徽之际,禄廪数少,每年转运不过一二十万石,所用便足。以此车驾久得安居。今国用渐广,漕运数倍于前,支犹不给。陛下数幸东都,以就贮积,为国大计,不惮劬劳,只为忧人而行,岂是故欲不往?……"[注四三]

其后关中农产收成较好,漕运数量较多,政府又复迁回长安。《册府元龟》卷一一三云:

(开元)二十三年十月,诏曰:"……属关辅无年,遽尔东顾,幸非为己,将以息人。今百谷既登,庶事皆省。……宜以来年正月取南路幸西京。……"[注四四]

二十四年正月敕:"以前议西幸,属岁不登,关辅之间,且欲无扰。今稼渐熟,漕运复多。……前取今年十月幸西京者,以其月三日发东都,取南路。……"

综括上文,我们可知唐自高宗以后,一方面由于政府组织的扩大,他方面由于府兵制的变为募兵制,政府经费的开支激增,从而首都所在的关中对于江淮物资的需要遂特别增大。可是,在另一方面,由江淮转运物资至长安,要经过一段绵长而又艰苦的路程,绝不是一件容易的事。其中由江淮到洛阳一段,因为隋炀帝时曾经花过很多血汗来开凿运河，运输尚称便利。至于自洛阳至长安一段的交通，因为隋代并没有怎样卖力气来整顿，或虽整顿而得不到久远的成绩，故运输非常艰难劳费。由于前者，洛阳的经济地位在当日变为非常重要，因为它位于南北交通的要冲，从而成为江淮北运物资的集散中心。由于后者，军事政治重心的关中遂不能与经济重心的江淮密切连系，以致帝国的中枢常常因粮食恐慌而发生不安的现象。为着要补救这种缺点，自高宗时起，政府遂把经济地位日形重要的洛阳建为东都，以便关中粮食因供需失调而发生恐慌时，上自皇帝，下至各级公务员，都可迁移到这里来消费江淮的租米和其他物资。因此，自高宗以后，直至玄宗开元二十四年（736年），约共八十年左右，政府常常来往于长安洛阳两都之间，而武后一朝，更是几乎以全部时间在洛阳居住。这样一来，当日军事政治重心东移以后，因运河的沟通而与经济重心取得密切连系的结果，偌大的帝国便名符其实地凝结为一个坚强牢固的整体，从而这个伟大的政治机构便能灵活运用，以充分发挥它的作用。因此，由于太宗努力而提高的帝国的威望，自高宗以后，大体上仍能维系而不坠，绝不是一件偶然的事。

● 注释

[注一]　《旧唐书》卷七八《高季辅传》载贞观年间"京畿数州……地狭人稠，耕植不博。菽粟虽贱，储蓄未多"（《全唐文》卷一三五高冯《上太宗封事》同）。据《新唐书》卷三七《地理志》，天宝元年京兆府的人口为一百九十六万一百八十八。至于关中土地生产力减耗的情形，第一章已经说过，兹不赘。

[注二]　府兵是兵农合一的军队，"居无事时耕于野"，服役时"麦饭九斗，米二斗，皆自备"（《新唐书》卷五〇《兵志》）。

[注三]　《通典》卷一〇，《新唐书》卷五三《食货志》。

[注四]　奏于神龙年间为吏部尚书时，参考《旧唐书》卷九四《李峤传》。

[注五]　《旧唐书》卷九八《卢怀慎传》，《全唐文》卷二七五卢怀慎《陈时政得失第二疏》略同。

[注六]　《通典》卷一〇，《旧唐书》卷九八《裴耀卿传》，《册府元龟》卷四九八。

[注七]　《新唐书》卷五〇《兵志》云："凡天下置(折冲)府六百三十四，皆有名号；而关内二百六十有一，皆以隶诸卫。"又陆贽《陆宣公翰苑集》卷一一《论关中事宜状》云："太宗皇帝……列置府兵，分隶禁卫。大凡诸府八百余所，而在关中者殆五百焉。举天下不敌关中，则居重驭轻之意明矣。"陆氏说折冲府的数目虽然过于夸大，但当日关中府兵远较其他地方为多，却是没有疑问的。

[注八]　《通鉴》卷二一二开元十年条同，但末尾多"兵农之分，自此始矣"一句，更为清楚。关于唐代府兵制崩坏的原因，及由府兵制转变为募兵制的详细情形，参考日人滨口重国《从府兵制到募兵制》，《史学杂志》第四十一编第十一至十二号。

[注九]　《旧唐书》卷一〇〇《李杰传》载李杰对于漕运的贡献云："开元初，为河南尹。……先是河汴之间有梁公堰，年久堰破，江淮漕运不通。杰奏调发汴郑丁夫以浚之。省功速就，公私深以为利，刊石水滨以纪其绩。"（同书卷四九《食货志》，《新唐书》卷一二八《李杰传》略同）李杰又曾改善洛阳以西的陆运，见下引

	《通典》卷一〇。此外关于裴耀卿的改革漕运，参考第三章。
[注一〇]	《通典》卷一〇，《旧唐书》卷四九《食货志》，《册府元龟》卷四九八。
[注一一]	由江淮运往洛阳的物资，除转运至长安外，又运往河北各地，以供军粮民食之用。例如陈子昂《陈伯玉文集》卷八《上军国机要事》云："即日江南、淮南诸州租船数千艘已至巩洛，计有百余万斛。所司便勒往幽州，纳充军粮。"这是江淮租米经洛阳运往河北充当军粮的例子。又《旧唐书》卷八《玄宗纪》云："是（开元十五年）秋……河北饥，转江淮之南租米百万石以赈给之。"又宋敏求编《唐大诏令集》卷一〇四《处分朝集使敕》（开元十六年十二月二十七日）云："顷者水灾，荐及河朔。思无不至，忧彼元元，发仓廪漕江淮以振之，蠲租税停征役以安之。"这里虽然没有明说赈济河北民众的江淮租米是经由洛阳运去的，但由上引《陈伯玉文集》的记载可以推知。由此可见，适当南北交通要冲的洛阳实是江淮物资的集散中心。
[注一二]	《旧唐书》卷四九《食货志》云："旧制东都含嘉仓积江淮之米，载以大舆，而西至于陕三百里。"（《唐会要》卷八七略同）又《新唐书》卷五三《食货志》云："江淮漕租米至东都输含嘉仓，以车或驮陆运至陕。"
[注一三]	《新唐书》卷五三《食货志》云："陆运至陕才三百里，率两斛计庸钱千。"（《唐会要》卷八七略同）
[注一四]	《通典》卷一〇。
[注一五]	《通典》卷一〇，《新唐书》卷五三《食货志》。
[注一六]	《新唐书》卷五三《食货志》。
[注一七]	李吉甫《元和郡县图志》卷二云："永丰仓在（华阴）县东北三十五里渭河口。"
[注一八]	同书卷六云："太原仓在（陕）县西南四里……以其北临焦水，西俯大河，地势高平，故谓之太原。"
[注一九]	《旧唐书》卷一八五下《姜师度传》云："（陕）州西太原仓控两京水陆二运，常自仓车载米至河际，然后登舟。"
[注二〇]	《朝野佥载》卷二，《太平广记》卷二五九《姜师条》。《新唐书》卷一〇〇《姜师度传》作："师度使依高为廥，而注米于舟。"

[注二一]　见《通鉴》卷二〇九。这里虽然没有明说运谷入京的牛是用来在长安永丰仓间拉车的，但由于下引的记载，我们可以推知。《新唐书》卷五三《食货志》云："贞元初（785年），关辅宿兵，米斗千钱。……以飞龙驼负永丰仓米给禁军，陆运牛死殆尽。"又《旧唐书》卷一七二《李石传》载开成元年（836—837年）"石又奏：咸阳令韩辽请开兴成渠。旧漕在咸阳县西十八里，东达永丰仓，自秦汉以来疏凿，其后堙废。昨辽计度，用功不多，此漕若成，自咸阳抵潼关三百里内无车輓之勤，则辕下牛尽得归耕，永利秦中矣。"（《新唐书》卷一三一本传略同）

[注二二]　《隋书》卷二四《食货志》云："开皇三年，朝廷以京师仓廪尚虚，议为水旱之备，于是……遣仓部侍郎韦瓉向蒲陕以东，募人能于洛阳运米四十石，经砥柱之险，达于（陕州）常平（仓）者，免其征戍。"可见隋代政府对于陕洛间黄河中的险滩并没有积极地整顿，只是消极地以重赏叫人冒险航运。

[注二三]　同上："其后以渭水多沙，流有深浅，漕者苦之。（开皇）四年诏曰……渭川水力，大小无常，流浅沙深，即成阻阂。计其途路，数百而已，动移气序，不能往复。泛舟之役，人亦劳止。……故东发潼关，西引渭水，因藉人力，开通漕渠。……于是命宇文恺率水工凿渠，引渭水，自大兴城东至潼关三百余里，名曰广通渠。转运通利，关内赖之。"（《隋书》卷四六《苏孝慈传》，《通典》卷一〇略同）可是广通渠的转运之利并不长久，它在唐初已不便航运，故永丰仓的米须用牛车运往长安。

[注二四]　《新唐书》卷三八《地理志》，《旧唐书》卷四《高宗纪》，卷三八《地理志》。

[注二五] 《旧唐书》卷三《太宗纪》。
[注二六] 《旧唐书》卷四至五《高宗纪》。
[注二七] 《唐大诏令集》卷七九，《册府元龟》卷一一三，《全唐文》卷一二。前二者均谓诏书发表于仪凤二年，实系"三年"之误。
[注二八] 《册府元龟》卷一一三略同。
[注二九] 《旧唐书》卷六《则天皇后纪》，《新唐书》卷三八《地理志》。
[注三〇] 《旧唐书》卷六《则天皇后纪》。
[注三一] 《旧唐书》卷一九〇中《陈子昂传》略同。
[注三二] 参考《旧唐书》卷九四《李峤传》。
[注三三] 《全唐文》卷二六〇杨齐哲《谏幸西京疏》同。
[注三四] 《旧唐书》卷七《中宗纪》，《新唐书》卷三八《地理志》。
[注三五] 《旧唐书》卷七《中宗纪》。
[注三六] 《旧唐书》卷八，《新唐书》卷五《玄宗纪》。
[注三七] 《唐大诏令集》卷七九，《册府元龟》卷一一三，《全唐文》卷二〇。
[注三八] 《新唐书》卷一二四《姚崇传》略同。
[注三九] 《唐大诏令集》卷七九苏颋《幸长安制》略同。
[注四〇] 《册府元龟》卷一一三，《全唐文》卷二八《幸东都诏》略同。
[注四一] 《唐大诏令集》卷七九《北路幸长安制》略同。
[注四二] 《全唐文》卷二三《幸东都制》同。
[注四三] 《通典》卷一〇，《册府元龟》卷四九八，《全唐文》卷二九七裴耀卿《请缘河置仓纳运疏》略同。
[注四四] 《唐大诏令集》卷七九《南路幸西京敕》，《全唐文》卷二八四《敕幸西京》略同。

第三章

大唐帝国的极盛与运河

高宗以后政府因长安物资供给困难而常常迁往洛阳办公的情形，自开元二十四年(736年)玄宗由洛阳西返后即告终止；此后他便长期住在长安，不再东幸。

开元二十四年后政府所以能够长期驻在长安，主要由于关中的经济状况发生激剧的变化，即关中的物资供给由过去窘困贫乏的状态一变而为丰富宽裕，足以供应中枢因经费开支激增而起的对于大量物资的需要。[注一]当日关中物资所以能由贫乏变为富裕，主要由于江淮与长安间物资运输的改善。对于这条路运输的改善最有贡献的人，是在玄宗最后一次东幸前(开元二十一年十二月)上台作宰相的裴耀卿。

在最后一次东幸的前夕，玄宗对于过去二十余年在两都间仆仆风尘的生活非常厌倦，希望此后关中能够得到充分物资的供应，以满足中枢的大量的需要，因为这样他便可以一劳永逸地住在长安，不必长途跋涉地跑那八百余里的路了。他回忆起三年前裴耀卿曾经提出改善长安和江淮间运输的计划，遂叫他来商议。在听取他的建议之后，玄宗便把他由京兆尹擢升为宰相，兼江淮河南转运都使。此后改善长安和江淮间运输的责任遂落在他的身上。

裴耀卿对于漕运最大的改革，是实行分段运输的办法(即转般法)。上章曾说,自江淮装载物资北运的船只,因所经各河水流深浅的不同,沿途常常停滞,以致运输量不能特别增加;复次,陕州洛阳间的水道,因有三门底柱等险滩而不便航运,以致须负担昂贵的陆路运费。为着要增加运量,减轻运费,他"请于河口(即汴河从黄河分流的地方)置一仓,纳江南租米,便令江南船回。其从河口即分入河洛,官自雇船载运。河运者,至三门之东置一仓。既属水险,即于河岸傍山车运十数里。至三门之西,又置一仓。每运置仓,即般下贮纳,水通即运,水细便止。渐至太原仓,溯河入渭,更无停留,所省巨万。"结果,政府在汴河与黄河的交叉点上置河阴县(今河南河阴县东)及河阴仓,在河清县(河南孟县西南五十里)置柏崖仓,在黄河北岸三门之东置集津仓,三门之西置三门仓(一作盐仓)。河中既然有险滩,遂在三门北的山中开路十八里,用车载运,以免有覆舟之险。车运抵三门仓后,又用船运往太原仓,然后由河入渭,以实关中。

他这种分段运输的办法,和以前的长途运输比较起来要好得多。因为船只既然只走一段较短的路线,便可不因等候前途之水的涨退而常常停滞,从而大大地节省了运输的时间;同时,船夫只航行于水性较为熟悉的河道中,也可不至于行驶太慢,或发生危险。例如过去"吴人不便河漕，由是所在停留，日月既淹，遂生隐盗"。如今规定江南租船在河阴仓卸下租米后，便可驶船南返，不必航行于水性不大熟悉的黄河中，自然可以免除许多流弊了。复次，贮存在河阴仓的米，等候河水深度合适时才用船装载西运，令"晓习河水者递送纳于太原仓"，运输的效率自然可以增加了。此外，因为要避免上滩的危险，他在三门北的山中开路十八里，以便改用车来运送，自可较为安全。本来沿途都用船来运送的米，运到这里又要改走陆路，自然不免麻烦；但这段短距离的陆运，和从前陕州洛阳间三百里的陆运比较起来，也着实方便得多了。

除上述外，裴耀卿对于漕运物品的种类，也有一些改革。以前江南百姓派人把租米用船运往洛阳，须自己负担运费。如今政府规定这些租船到达河阴，把租米卸下后，便可转回南方去，不必像以前那样另外转雇河师水手来在黄河航运。这样一来，由于河阴洛阳间运输责任的免除，江南百姓自可省下一部分运费，船夫亦可较前空闲。对于这些剩余的运费与时间，裴耀卿曾设法加以利用。他把江淮百姓以地税名义缴纳来存贮于义仓的粟，[注二]变造为米，以上述剩余的运费，令船夫运往河阴，然后转运往长安。因为"江淮义仓多为下湿，不堪久贮，若无般运，三两年色变，即给贷费散，公私无益"。现在利用江南租船因免赴洛阳而剩下的时间和运费来运往河阴，以便转运往关中来满足那里对于大量粮食的需要，自可大大增加这些义仓粟的效用。

裴耀卿利用分段运输办法来转运江淮租米和由义仓粟变造之米的结果，"凡三年，运七百万石，省脚三（《旧唐书》卷四九《食货志》作"四"）十万贯"；无论关于运输量的增加，或运费的减省，都有惊人的成绩。[注三]

由于裴耀卿的改革漕运，关中粮食的供给遂有大量的增加。正当这个时候，关中农产的收成又非常之好。这样一来，关中米粮的供给较前特别增加的结果，价格自要因供过于求而下跌。为着要免除谷贱伤农的流弊，和增加公家仓廪的蓄积，政府遂于开元二十五年规定关中人民用米代替绢来缴纳庸调资课，并在关中一带增价收买粮食，名曰和籴。同时，关中既因粮食过剩而对于江淮租米的需要大减，政府又下令停运江淮租米，而改运布来作租缴纳。关于关中百姓以米代绢来缴纳庸调资课的办法，《唐大诏令集》卷一一一《关内庸调折变粟米敕》（开元二十五年二月）云：

敕：关辅庸调，所税非少，既寡蚕桑，皆资菽粟，常贱籴贵买，损费逾深。又江淮等苦变造之劳，河路增转运之弊,每计其运脚,数倍加钱。今岁属和平,庶物穰贱,南亩有十千之获,京师同水火之饶。均其余以减远费,顺其便使农无伤。自今以后,关内诸州庸调资课并宜准时价变粟取米,送至京,逐要支用。其路远处不可运送者,宜所在收贮,便充随近军粮。其河南北有不通水利,宜折租造绢,以代关中调课。所司仍明为条件,称朕意焉。[注四]

复次,关于关中和籴及停运江淮租米的记载,《册府元龟》卷五〇二云:

(开元)二十五年九月戊子,敕曰:"……今岁秋苗远近丰熟,时谷既贱,则甚伤农。事资均籴,以利百姓。宜令户部郎中郑昉,殿中侍御史郑章,于京畿据时价外,每斗加三两钱,和籴粟三四百万石,所在贮掌。江淮漕运,固甚烦劳,务在安人,宜令休息。其江淮间今年所运租停。其关辅委度支郎中兼侍御史王翼准此和籴粟三四百万石。应所须船运等,即与所司审计料奏闻。"

又《通鉴》卷二一四云:

先是西北边数十州多宿重兵,地租营田皆不能赡,始用和籴之法。有彭果者,因牛仙客献策,请行籴法于关中。(开元二十五年七月)戊子,敕:以岁稔谷贱伤农，命增时价什二三，和籴东西畿粟各数百万斛，停今年江淮所运租。

按《通典》卷六云：

（开元）二十五年定令："……其江南诸州租，并迴造纳布。"

可见这年江淮百姓虽然停运租米，却须改用布来缴纳。

自裴耀卿后，还有好些人继续努力来改善长安与江淮间的运输，以便当日军事政治重心能与经济重心密切连系起来。在上述裴耀卿改善漕运的设施中，他在三门北凿山开路来通车运的办法，最受人们的批评；因为由江淮北来的米，沿途都走水道，及运到这里，却要弃水就陆，转运者自然要感到麻烦。为着要弥补这个缺憾，到了开元末年，陕州刺史李齐物遂在三门凿山开路，以供船只过滩时船夫拉纤之用。他这回凿山的工程大约要比从前杨务廉做得好些，故船只上滩时失事较少，但事实上因为滩险水急，想要得到绝对满意的成绩是不可能的。

关于李齐物开辟輓路的记载，《唐会要》卷八七云：

（开元）二十九年，陕郡太守李齐物凿三门山以通运。辟三门巅，踰岩险之地，俾负索引舰，升于安流，自齐物始也。

又《新唐书》卷五三《食货志》亦云：

> 二十九年，陕郡太守李齐物凿砥柱为门以通漕，开其山巅为挽路，烧石沃醯而凿之。然弃石入河，激水益湍急，舟不能入新门。候其水涨，以人挽舟而上。天子疑之，遣宦者按视。齐物厚赂使者。还言便。

复次，陕州洛阳间的陆运也有相当的改革。上章曾说，开元初李杰在陕洛间置八递场，用牛车来运输。其后，到了"天宝九年九月，河南尹裴迥以递重恐伤牛，于是以递场为交场，两递简(间?)择近水处为宿场，分官押之，兼防其盗窃"[注五]。虽然因为此事记载过于简单，我们不能明了其中的详细情形，但我们却可由此推知他改革的要点如下：为着要免除耕牛的损伤，他废除八递场的陆运，改在陕洛间黄河沿岸设立若干宿场，以便在各宿场间用水运来互相传递。

但自裴耀卿后对于漕运的改进贡献最大的，我们要推韦坚。韦坚于天宝元年任陕州刺史，兼水陆运使。他根据隋代关中漕渠[注六]的旧迹，于渭水之南开凿一条与渭水平行的漕渠。这条漕渠西起禁苑(在长安宫城北)之西，引渭水的水东流，中间横断灞水和浐水(二水均南北流)，东至华阴永丰仓附近与渭水汇合。渠成后，又在长安望春楼下凿广运潭，以通漕舟。这样一来，在永丰仓和三门仓存贮的米，都可用船一直运往长安，不必再像以前那样用牛驾车来运送了。关中运道既然大为改进，粮食的运输量自然有激剧的增加，故在天宝三年，"岁漕山东(事实上以江淮为主)粟四百万石"[注七]。不特如此，韦坚又"请于江淮转运租米，取州县义仓粟，转市轻货，差富户押船。若迟留损坏，皆征船户"[注八]。按江淮各地的义仓粟，自裴耀卿改革漕运时起，曾经大量地变造为米，运往关中。如今韦坚更进一步地把江淮义仓粟转买轻货，令富户负责北运，以增加关中的财富。因此，当日关中的富裕，不限于粮食方面，就是在其他各种物资的供给上也表现出来。

天宝年间关中物资供给既因漕运改进而非常富裕，韦坚便在广运潭上开一个大规模的物产展览会，以夸耀他的成绩。《旧唐书》卷一〇五《韦坚传》云：

> 坚预于东京、汴、宋取小斛底船三二百只，置于潭侧。其船，皆署牌表之。若广陵郡船，即于枕背上堆积广陵所出锦、镜、铜器、海味。丹阳郡船，即京口绫衫段。晋陵郡船，即折造官端绫绣。会稽郡船，即铜器、罗、吴绫、绛纱。南海郡船，即玳瑁、珍珠、象牙、沉香。豫章郡船，即名瓷、酒器、茶釜、茶铛、茶椀。宣城郡船，即空青石、纸、

笔、黄连。始安郡船，即蕉葛、蚺虵胆、翡翠。船中皆有米，吴郡即三破糯米、方丈绫。凡数十郡，驾船人皆大笠子、宽袖衫、芒屦，如吴楚之制。先是人间戏唱歌词云："……潭里船车闹，扬州铜器多。……"……及此潭成，陕县尉崔成甫以坚为陕郡太守，凿成新潭，又致扬州铜器，翻出此词，广集两县官使妇人唱之。……成甫又作歌词十首……于第一船作号头唱之；和者妇人一百人，皆鲜服靓妆，齐声接影，鼓笛胡部以应之。余船洽进，至楼下，连樯弥亘数里，观者山积。京城百姓，人人多不识驿马船樯竿，人人骇视。坚跪上诸郡轻货，……玄宗欢悦，下诏敕曰："古之善为政者，贵于足食；欲求富国者，必先利人。朕关辅之间，尤资殷赡。比来转输，未免艰辛。故置此潭，以通漕运。万代之利，一朝而成。……赐名广运潭。"[注九]

这里要注意的是：在广运潭三两百只漕舟上大量陈列的，都是江淮各地出产的物品，即韦坚以江淮义仓粟转买后，令富户负责运来的轻货。由此可知，当日关中物资的供给所以特别丰富，实是长安与江淮间的运输大为改善的结果。

由上所述，可知唐自开元二十二年以后，裴耀卿、韦坚及其他人等改革漕运的结果，关中物资的供给至为丰富宽裕。关中物资既然这样富裕，玄宗在位的下半期便可长期在长安居住，不必复如上半期那样仆仆风尘于两都之间了。上面曾经说过，裴耀卿及韦坚等对于漕运的改革，以改进洛阳长安间的交通为主。洛阳以西的交通改善以后，由江淮经运河北上的物资，便不须像以前那样先集中于洛阳，而可以一直运抵关中了。这在当日的经济地理上是一种很大的变动，因为运往关中的江淮物资既然不再像过去那样以洛阳为转运中心，洛阳的经济地位便不复如过去那样重要而日渐低落，反之，关中的经济地位却因江淮物资之能够大量到达而逐渐提高。当日两都的经济地位这样的转变，对于政府之长期的驻在长安，不迁洛阳，自然要发生决定性的作用；因为江淮物资既可大量运往关中，关中因政府经费开支激增而起的对于巨额物质的需要便可得到满足，从而过去八十年来政府因关中物资供求失调而迁往洛阳办公的客观条件也就不复存在了。

现在让我们作进一步的探讨。在玄宗时代的下半期，政府之长期地驻在长安，实在表示军事政治重心的关中，不必复像过去那样以洛阳为媒介，便可与经济重心的江淮直接连系起来。这一种连系，由于裴耀卿及韦坚等对于江淮义仓粟的利用，有越来越密切的趋势；因为裴耀卿把义仓粟变造为米，韦坚以义仓粟转市轻货来运往关中，都足以增厚关中的经济力量，无形中使江淮成为这个军事政治重心的深厚稳固的经济基础。这样一来，军事政治重心与经济重心密切连系的结果，这个大一统的帝国便凝结为一个坚强牢固的整体，在当日的世界上发出它的雄壮的力量。因此，演进到了开元天宝间的大唐帝国，国势登峰造极，武功辉煌彪炳，成为中国政治史上的黄金时代。

关于开元年间国势昌隆的情况，《旧唐书》卷九《玄宗纪》云：

> 史臣曰：……我开元之有天下也，……贞观之风，一朝复振。于斯时也，烽燧不惊，华戎同轨。西蕃君长，越绳桥而竞款玉关。北狄酋渠，捐毳幕而争趋雁塞。象郡炎州之玩，鸡林鲲海之珍，莫不结辙于象胥，骈罗于典属，膜拜丹墀之下，夷歌立仪之前。可谓冠带百蛮，车书万里。……于时垂髫之倪，皆知礼让；戴白之老，不识兵戈。虏不敢乘月犯边，士不敢弯弓报怨。康哉之颂，溢于八纮。所谓世而后仁，见于开元者矣。

其后到了天宝(742－756年)年间，由于李林甫杨国忠等的专政弄权，国势渐渐走向下坡路，但初时仍能战败强悍的吐蕃和其他劲敌，[注一〇]当日的外患绝不像安史乱后那样严重；而高仙芝更是老远的大破勃律(在今印度北部)，擒其国王，及远征石国(在今中亚细亚苏联境内之 Tashkend)。[注一一]故就大体而论，开元天宝间实是贞观以后唐代国势极盛的时代。

当日大唐帝国所以能够有这样伟大的成就，固然有种种原因，但上述军事政治重心与经济重心的密切连系，仍不失为其中一个极重要的因素。关于此点，我们只要略知当日帝国拓展的经济基础，自可明了。

开元二十年(732年)后，玄宗因为财殷力盛，故大事武功：

> 玄宗御极，承平岁久，天下又安，财殷力盛。开元二十年以后，邀功之将，务恢封略，以甘上心，将欲荡灭奚契丹，剪除蛮吐蕃(《通典》卷一四八)。

玄宗大规模地开拓疆土的结果，军费的开支激增：

> 自天宝之始，边境多功，宠锡既崇，给用殊广(同书卷一二)。

> 开元初，每岁边费约用钱二百万贯。开元末，已至一千万贯。天宝末，更加四五百万矣(同书卷一四八)。

至于军费开支的地域分配，则约如下述：

> 自开元中及于天宝，开拓边境，多立功勋，每

岁军用，日增其费：籴米粟则三百六十万匹段（朔方河西各八十万，陇右百万，伊西北庭八万，安西十二万，河东节度及群牧使各四十万）；给衣则五百三十万（朔方百二十万，陇右百五十万，河西百万，伊西北庭四十万，安西三十万，河东节度四十万，群牧五十万）；别支计则二百一十万（河东五十万，幽州剑南各八十万）；馈军食则百九十万石（河东五十万，幽州剑南各七十万）。大凡一千二百六（按应作九字）十万。而赐赉之费，此不与焉（同书卷六）。

由此可知，当日政府因为要在西北作积极的拓展，和防御外患的威胁，故支出的军费以用在西北者为多。在这些地方因和籴军粮，发给军衣及其他军事用途而支付的将近一千万匹段的布帛，就地理上说，大多数都要经过关中才能运往。当日关中所以有这许多布帛的蓄积，固然由于全国各地因庸调等赋税而征收的布帛之输送，但江淮布帛之大量北运实是其中一个重要的原因；因为在由江淮北运的布帛中，除来自庸调者外，还包括因停运租米而改纳的租布，和韦坚以义仓粟转市后令富户负责运送的轻货。[注一二]而且我们又可以实物为证。斯坦因发掘新疆吐鲁番哈喇和卓（Kara-Khōja）附近阿斯塔纳（Astana）的坟墓所得的出土物品中，有两端浙江婺州的税布，其年代略较开元为早。兹抄录其上所书文字如下：

婺州信安县显德乡梅山里祝伯亮租布一端，光宅元年十一月日。

婺州兰溪县瑞山乡从善里姚群（？）庸调布一端，神龙二年八月日。[注一三]

按光宅（684年）是中宗被废后武后临朝称制时的年号，神龙是中宗复位时的年号，都略较开元早些。根据这两端税布的出土，我们可以推知，开元天宝间一定有许多江淮税布经关中运往西北应用；因为在开元天宝以前，江淮税布既然已经运往，那么，到了开元天宝间，由于漕运的大为改善，这些税布自然更有大量运往的可能了。

当日江淮税布不独运往西北，在河北方面，因为要防御奚契丹及其他外族的入侵，也大量地运往，以备北军的费用。颜真卿《颜鲁公文集》附录因亮《颜鲁公行状》云：

> 时（天宝末至德初安禄山反时）清河郡寄客李华为郡人来乞师于公……曰："国家旧制，江淮郡租布，贮于清河，以备北军费用，为日久矣。相传之天下北库。今所贮者有江东布三百余万匹，……"

又《新唐书》卷一五三《颜真卿传》云：

> （李）萼（按《行状》作华）曰："……清河……有江淮租布，备北军，号天下北库。……"

这些存贮于河北清河的江淮租布，虽然不必经关中转运而来，却须由运河运往。故开元天宝间的运河，实已尽了它的连系军事政治重心的北方和经济重心的南方的作用。

综括上文，我们可知开元天宝间的运河对于大唐帝国所尽的任务，比过去更为重大。自唐初以来，运河虽然能把江淮物资运往北方去，但因洛阳、长安间的交通非常困难，这些北运物资多半集中于洛阳，不能大量的运抵关中。洛阳既因运河的连络而接近江淮，成为北运物资的集散中心，经济地位日形重要。反之，长安既因洛阳以西运输的困难而不能得到多量物资的供应，经济地位却渐渐削弱。两都的经济地位的差异，决定了政府把洛阳建为东都，以便常常迁往办公的政策。故唐自高宗以后的八十年内，上自皇帝下至各级公务员都常常来往于两都之间。及开元二十四年(736年)以后，由于裴耀卿韦坚等对于漕运的改革，洛阳以西的交通大为改进，由江淮经运河北上的物资便可不在洛阳停留，一直运往关中去。这样一来，由于两都的经济地位的转变，此后政府便可长期驻在长安，不再迁往洛阳了。这时运河虽然仍如过去那样运输江淮的物资，但由于分段运输法的实行，江淮义仓粟的利用，运输的数量却远较过去为多。运河运输量的特别增加，表示军事政治重心的北方与经济重心的南方连系的密切。由于这种密切的连系，大唐帝国便成为一个真正统一的整体，力量雄厚无比。故它在当日世界上所表现的卓绝的武功，鼎盛的势运，得到很多诗人的讴歌，史家的颂美。

● 注释

[注一] 《通鉴》卷二一四开元二十五年七月条云："自是关中蓄积羡溢，车驾不复幸东都矣。"

[注二] 《通典》卷一二云："贞观初，尚书左丞戴胄上言曰：……今请……为立义仓。年谷不登，百姓饥馑，当所州县，随便取给。……户部尚书韩仲良奏：王公以下垦田，亩纳二升，其粟麦粳稻之属，各依地土贮之州县，以备凶年。制从之。自是天下州县始置义仓，每有饥馑，则开仓赈给。高宗永徽二年九月，颁新格：义仓据地取税……"又《册府元龟》卷四九〇载开元十三年正月诏云："元率地税，以置义仓，本防险年，赈给百姓。"

[注三] 以上论述的根据，除特别标注者外，以《通典》卷一〇为主，并参考《旧唐书》卷四九《食货志》，卷九八《裴耀卿传》，《新

唐书》卷五三《食货志》，卷一二七《裴耀卿传》，《唐会要》卷八七，《册府元龟》卷四九八，《全唐文》卷二九七裴耀卿《请置武牢洛口等仓疏》，《京师饥请广漕运疏》，郭湜《高力士外传》，及俞大纲先生《读高力士外传释变造和籴之法》(本所《集刊》第五本第一分)。

[注四] 《唐会要》卷八三同；《通典》卷六，《新唐书》卷五一《食货志》亦节取此文。

[注五] 《通典》卷一〇。《新唐书》卷五三《食货志》作："河南尹裴迥以八递伤牛，乃为交场，两递滨水处为宿场，分官总之。自龙门(在洛阳县南)东山抵天津桥(洛阳县西南二十里)为石堰以遏水。"

[注六] 参考第二章注二三。

[注七] 《旧唐书》卷一〇五《韦坚传》，卷四八《食货志》，《新唐书》卷一三四《韦坚传》，卷五三《食货志》，《通典》卷一〇，《册府元龟》卷四九八。

[注八] 《旧唐书》卷四八《食货志》。

[注九] 参考《新唐书》卷五三《食货志》，卷一三四《韦坚传》。

[注一〇] 《旧唐书》卷九《玄宗纪》，卷一〇四《哥舒翰传》，《新唐书》卷五《玄宗纪》，卷一三五《哥舒翰传》。

[注一一] 《旧唐书》卷一〇四《高仙芝传》。

[注一二] 由上引《旧唐书·韦坚传》看，可知"轻货"所包括的物品种类虽然不少，事实上以布帛为主。

[注一三] Sir Aurel Stein, *Innermost Asia*, p.1004. 原物照片见本书 Pl. CXXVII。

第四章

大唐帝国的中衰与运河

第一节 ◉ 安史乱后政府对江淮财赋需要的激增与运河交通的阻塞

上述开元天宝间因运河把大唐帝国的军事政治重心和经济重心密切连系起来而造成的伟大的时代，自天宝十四年(755年)给渔阳鼙鼓惊破以后，便渐渐没落下去，从而盛唐的光辉也就为之烟消云散了。为什么安史乱后开元天宝时代的盛世不能继续保持下去？这固然有种种不同的原因，但运河之不能充分发挥它的作用，却是其中一个基本的因素。

原来大唐帝国在安史之乱以后的形势，和以前大不相同。在此以前，大唐帝国在政治方面完全统一，丝毫没有分裂。但自此以后，由于安史余孽在河北山东等地的割据，这个大一统的帝国便不复能完全统一，而渐渐陷于分崩离析的局面了。这些在大河南北割据称雄的藩镇，不独在军事政治上不服从中央政府的命令，就是在财政经济上也要占据以自肥。在他们统治下的地方的租赋既然不复像以前那样缴交中央，而西北各地的财赋又给守边军队就近消耗了去，此后中央政权赖以维持的经济基础遂只剩下经济重心的江淮了。关中政权对于江淮财赋的倚赖既然比安史乱前更为深切,沟通南北的运河的重要性自然要特别增大起来。

关于安史乱后藩镇对于各地赋税的占有,《新唐书》卷二一〇《藩镇传》云:

> 安史乱天下,至肃宗大难略平,君臣皆幸安,故瓜分河北地付授叛将,护养孽萌,以成祸根。乱人乘之,遂擅署吏,以赋税自私,不朝献于廷。

又《通鉴》卷二二三永泰元年(765年)条云:

> 时成德节度使李宝臣,魏博节度使田承嗣,相卫节度使薛嵩,卢龙节度使李怀仙,收安史余党,各拥劲卒数万,治兵完城,自署文武将吏,不供贡赋。

又同书卷二二六建中元年(780年)七月条云:

> 初安史之乱数年间……州县多为藩镇所据,贡赋不入朝廷,府库耗竭。

又《旧唐书》卷一一八《杨炎传》云:

> 迨至德(756年)之后天下兵起,……河南、山东、荆、襄、剑南有重兵处,皆厚自奉养,王赋所入无几。[注一]

藩镇统治下的地方既然不供贡赋,中央政府经费的开支遂全仰给于江淮。关于此点,记载至多。《旧唐书》卷一二三《第五琦传》云:

(至德元年)奏事至蜀中,琦得谒见(玄宗),奏言:"方今之急在兵;兵之强弱在赋;赋之所出,江淮居多。……"[注二]

又《新唐书》卷二〇二《萧颖士传》云:

颖士与宰相崔圆书,以为今兵食所资在东南,……

又权德舆《权载之文集》卷四七《论江淮水灾上疏》(贞元七年)云:

江东诸州,业在田亩,每一岁善熟,则旁资数道。……赋取所资,漕輓所出,军国大计,仰于江淮。

又《文苑英华》卷四二二(《全唐文》卷六三)宪宗元和十四年(819年)七月二十三日《上尊号赦》云:

天宝已后,戎事方殷,两河宿兵,户赋不入,军国费用,取资江淮。茧丝所收,宁免加厚?

又同书卷九〇一(《吕叔和文集》卷六)《吕温韦府君神道碑》云:

天宝之后,中原释耒,輂越而衣,曹(漕?)吴而食。

又同书卷六六〇杜牧《上宰相求杭州启》云:

今天下以江淮为国命。

又同书卷九七七杜牧《崔公(郾)行状》云:

三吴者,国用半在焉。

又《全唐文》卷五五五(《韩昌黎集》卷一九)韩愈《送陆歙州诗序》云：

> 当今赋出于天下，江南居十九。

又同书卷五二二(《文苑英华》卷九七二)梁肃《独孤公行状》云：

> 常州为江左大郡，兵食之所资，财赋之所出，公家之所给，岁以万计。

此外，罗让及李吉甫更把中唐以后全国各地赋税负担的情形加以比较，以示江淮地位的重要。《全唐文》卷五二五罗让《对才识兼茂明于体用策》(元和元年四月二十八日)云：

> 今国家内王畿，外诸夏，水陆绵地，四面而远而输，明该之大贵根本，实在于江淮矣。何者？陇右、黔中、山南已还，硗瘠嵒薄，货殖所入，力不多也。岭南、闽、蛮之中，风俗越异，珍好继至，无大赡也。河南、河北、河东已降，甲兵长积，农厚自任，又不及也。在最急者，江淮之表里天下矣。陛下得不念之乎？

又《通鉴》卷二三七元和二年(807年)条云：

> 是岁李吉甫撰《元和国计簿》上之。总计天下方镇四十八，州府二百九十九，县千四百五十三(《旧唐书》多"户二百四十四万二百五十四"一句)。其凤翔、鄜坊、邠宁、振武、泾原、银夏、灵盐、河东、易定、魏博、镇冀、

范阳、沧景、淮西、淄青十五道，七十一州，不申户口外（胡注云：凤翔、鄜坊、邠宁、振武、泾原、银夏、灵盐、河东皆被边，易定、魏博、镇冀、范阳、沧景、淮西、淄青皆藩镇世袭，故并不申户口，纳赋税），每岁赋税倚办，止于浙江东西、宣歙、淮南、江西、鄂岳、福建、湖南八道，四十九州，一百四十四万户，比天宝税户四分减一。天下兵仰给县官者八十三万余人，比天宝三分增一。大率二户资一兵。其水旱所伤，非时调发，不在此数。[注三]

由此可知，安史乱后中枢经费所以完全要倚赖南方的接济，一方面固然由于北方各地多为藩镇所据，他方面又由于在北边驻屯的重兵，把当地租税就近使用，不复缴交中央的原故。

安史乱后中央政权对于江淮财赋需要的殷切，已如上述。现在我们又可把当日江淮北运物资的种类分析一下，以示江淮对于关中政府贡献之大。在江淮北运的物资中，除粮食外，以军用器材最为重要。李德裕《会昌一品集》卷七《赐王元逵诏意》云：

材干筋革，出自江淮，除进奉之外，并敕令所禁。

又《全唐文》卷四七代宗《停扬洪宣三州作坊诏》云：

扬、洪、宣等三州作坊，往以军兴，是资戎器。[注四]

又《册府元龟》卷四八五云：

> 元锡为宣州观察使，长庆二年(822年)，进助军绫绢一万匹，弓箭器械共五万二千事。

复次，由江淮北运的布帛，其用途也非常重要。政府除用来支付一般经费外，有用来赏军功的。《唐大诏令集》卷一一五《慰谕朔方将士敕》(至德元年三月七日)云：

> 敕：朔方将士等，……顷者出井陉，收赵地，还破同罗逋寇，复入河东故郡，累有功绩，王室赖之。……已令江淮转运布帛，到日议赏非遥。

又有用来购买回纥马匹，以便敦睦邦交的。白居易《白氏长庆集》卷四《阴山道》云：

> 五十匹缣易一匹，缣去马来无了日。……缣丝不足女工苦，疏织短截充匹数。藕丝蛛网三丈余，迴鹘诉称无用处。咸安公主号可敦，远为可汗频奏论。元和二年下新敕，内出金帛酬马直；仍诏江淮马价缣，从此不令疏短织。[注五]

按回纥自乾元年间(758—760年)后，因曾两次派兵助唐平安史之乱，自恃有功于唐，实行经济侵略，每年都以数万匹劣马运来换取中国的布帛。《新唐书》卷二一七上《回鹘传》云：

> 自乾元后益负功，每纳一马取直四十缣。岁以

数万求售，使者相蹑，求舍鸿胪，驽弱不可用。帝厚赐欲以愧之。不知也，复以万马来。帝（代宗）不忍重烦民，为偿六千。……建中元年，诏京兆少尹源休持节册顿莫贺为武义成功可汗。……明年乃行。……可汗传谓休曰："……为我言有司：所负马直一百八十万，可速偿我！"遣散支将军康赤心等随休来朝。帝隐忍赐以金缯。[注六]

又《通鉴》卷二二四云：

> 回纥自乾元以来，岁求和市，每一马易四十缣。动至数万匹，马皆驽瘠无用。朝廷苦之，所市多不能尽其数。回纥待遣，继至者常不绝于鸿胪。至是上欲悦其意，命尽市之。（大历八年）秋七月辛丑，回纥辞归，载赐遗及马价，共用车千余乘。

由此我们可以推知，当日政府因买回纥马而由江淮北运的布帛，数量一定非常之大。

可是，运河的重要性虽因安史乱后关中政府对江淮物资需要的激增而特别增人，自天宝末经肃宗时代（736—762年）以至代宗初年，由于战争的影响，它却完全不能发挥它的连系南北的作用。因为安禄山于天宝末年在渔阳创乱以后，不久便派兵南下攻占各地，以致"东都河南并陷贼，漕运路绝"[注七]。其后政府虽因得到回纥兵马的帮助而收复洛阳，但到了"肃宗末年，史朝义兵分出宋州(河南商邱县南)，淮运于是阻绝"[注八]。运河既因长期兵乱而无人过问，自然要淤塞废弃而不便航运。代替这条水道而连结南北的交通线是汉水，当日由江淮北运来接济关中政府的物资多改经此路运往。[注九]可是，"漕运者自江汉抵梁洋，迂险劳费"[注一〇]。可见汉水虽然可以代替运河来沟通南北，在航运方面却远不及后者那样安全和便利，而运输费用又远较后者为大。不特如此，汉水虽然距离战场较远，不像运河那样常被敌人阻断，却也不是绝对安全的交通线。肃宗时，"襄州裨将康楚元张嘉延聚众为叛，凶党万余人，自称东楚义王。襄州刺史弃城遁走。嘉延又南袭破江陵。汉沔馈运阻绝，朝廷旰食"[注一一]，就是其中一个例证。由于这些特殊情形的存在，我们可以断言，汉水代替运河来连系南北的程度，事实上非常有限，因为它有上述的种种缺点，在运输量方面要大受限制，远不及从前运河那么多。

肃代间军事政治重心的关中既因运河的阻塞而不能和经济重心的江淮取得密切的联系，关中对于大量物资的需要便因江淮之不能充分供应而无从满足。故"自兵兴以来，凶荒相属，京师米斛万钱，宫厨无兼时之食；百姓在畿甸者，拔谷捋穗，以供禁军"[注一二]。

第二节 ● 张巡刘晏对于运河交通的贡献

当战争尚未停止，中央政府因江淮物资不能借运河大量运来而呈现出萧条黯淡的景象的时候，在东战场方面却露出了一线的曙光。原来安禄山由河北南下的军队，除西向攻占长安，南向经略襄邓以外，还沿着运河向东南侵略，有席卷江淮之势。假如他这个军事计划能够成功，中央政权的经济基础便要整个动摇起来；当日大唐帝国所遇到的危机可谓十分严重。在这个千钧一发的时候，张巡许远以一支孤军来死守运道要冲的睢阳，却阻止住敌人的精锐部队的南下，屏蔽住经济重心的江淮，无形中给后来运河的复航奠定一个稳固的基础。

睢阳即上述的宋州，处于运河要冲，地位非常重要。独孤及《毘陵集》卷八（《文苑英华》卷八九九）《故睢阳太守赠秘监李公（少康）神道碑》云：

> 玄宗天宝元年，改宋州为睢阳郡，命公为太守。
> 淮湖漕挽，刀布辐辏，万商射利，奸之所由聚也。

张巡等在这里抵挡住敌人的锋锐，保全了整个的江淮，博得唐代人士不少的颂扬。如《全唐文》卷四三〇李翰《进张巡中丞传表》云：

> 贼所以不敢越睢阳而取江淮，江淮所以保全者，巡之力也。……贼势凭陵，连兵百万，巡以数千之众横而制之。若无巡，则无睢阳。无睢阳，则无江淮。贼若因江淮之资，兵弥广，财弥积，根结盘据，西向以拒王师，虽终于歼夷，而旷日持久。[注一三]

又《韩昌黎集》卷一三《张中丞传后叙》云：

> 守一城，捍天下，以千百就尽之卒，战百万日滋之师，蔽遮江淮，沮遏其势，天下之不亡，其谁之功也？

又《全唐诗》第三函第七册韦应物《睢阳感怀》云：

> 张侯本忠烈，济世有深智。
>
> 坚壁梁宋间，远筹吴楚利。

张巡等的死守睢阳，不过奠定后来运河复航的基础。运河之恢复沟通南北的作用，却有待于刘晏的努力。安史之乱平定以后，刘晏即于代宗宝应二年(即广德元年，763年)就任为转运使，把改革漕运的艰巨责任负担起来。鉴于过去大唐帝国因运河阻塞而蒙受到的损害之大，他对于当日运河复航的必要有深刻的认识。在与宰相元载的信中，他说："浮于淮泗，达于汴，入于河，西循底柱、硖石(在今河南孟津县西二十里)、少华(山名，在今陕西华县南十里)，**楚帆越客，直抵建章**(宫名，在今陕西长安县上林苑中)、**长乐**(宫名，在今长安县西十里)，此安社稷之奇策也。……潭（今湖南长沙县）、衡（今湖南衡阳县）、桂阳（今湖南郴县），必多积谷。关辅汲汲，只缘兵粮。漕引潇、湘、洞庭，万里几日，沧波挂席，西指长安。三秦之人，待此而饱；六军之众，待此而强。天子无侧席之忧；都人见泛舟之役。四方旅拒者，可以破胆；三河流离者，于兹请命。相公匡戴明主，为富人侯，此今之切务，不可失也。……然运之利病，各有四五焉。晏自尹京入为计相，共五年矣。京师三辅百姓，唯苦税亩伤多。若使江湖米米，每年三二十万，即顿减徭赋，歌舞皇泽，其利一也。东都残毁，百无一存。若米运流通，则饥人皆附，村落邑廛，从此滋多。命之日引海陵（今江苏泰县）之仓，以食巩洛，是计之得者，其利二也。诸将有在边者，诸戎有侵败王略者，或闻三江五湖，贡输红粒，云帆桂楫，输纳帝乡，军志曰先声后实，可以震耀夷夏，其利三也。自古帝王之盛，皆云书同文，车同轨，日月所照，莫不率俾。今舟车既通，商贾往来，百货杂集，航海梯山，神圣辉光，渐近贞观永徽之盛，其利四也"[注一四]。总之，他认为当日帝国已衰的势运的挽回，关中人民赋税负担的减轻，及以洛阳为中心的广大而残破的战区的复兴，都有待于运河的恢复航运，其需要的迫切是非常明显的。

可是，运河复航的需要虽然非常迫切，想要使它复作沟通南北的大动脉，却不是一件容易实现的事。在当日战后凋零残破的环境中，运河之恢复大规模的转运，要遇到四种不易克服的困难：第一，运河黄河间因为经过长期战争的破坏，数百里绝少人烟，航运最为需要的劳力，供给至感困难；第二，运河河道因为过去长期阻断，很久没有疏浚整治，以致渐渐淤塞而不便航运；第三，洛阳以西的黄河沿岸，早就没有军队驻防，盗贼横行，航运者所遇到的治安问题非常严重；最后，自江苏至潼关附近东西三千里的交通线上，跋扈的军人每借口衣粮不足来掠夺转运的物资。总之，当日因转运江淮物资而发生的治水、劳力和治安等问题，都是非常棘手的。

关于运河恢复航运所遭遇的困难，也见于上述刘晏给元载的信中，内云：

> 所可疑者，函陕凋残，东周尤甚。过宜阳（今河南宜阳县）熊耳（山名，在今河南宜阳县西百里），至武牢（按《新唐书》作虎牢，在今河南汜水县西）成皋（在汜水县西北），五百里中，编户千余而已。居无尺椽，人无烟爨，萧条凄惨，兽游鬼哭，牛必羸角，舆必脱（《旧唐书》误作说，兹从《册府元龟》改正）鞅，栈车辁漕，亦不易求。今于无人之境，兴此劳人之运，固难就矣，其病一也。河汴有初不修则毁淀，故每年正月发近县丁男，塞长茭，决沮淤；清明桃花已

后，远水自然安流，阳侯宓妃，不复太息。顷因寇难，总不掏拓，泽灭水，岸石崩，役夫需于沙，津吏旋于泞，千里洄上，罔水舟行，其病二也。东垣(在今河南新安县东)、底柱，渑池(今河南渑池县)、二陵(指崤山，在今河南洛宁县北六十里)北河运处，五六百里，戍卒久绝，县吏空拳，夺攘奸宄，窟穴囊橐，夹河为薮，豺狼狺狺，舟行所经，寇亦能往，其病三也。东自淮阴(在今江苏淮阴县南)，西临蒲坂(在今山西永济县东南五里)，亘二十里，屯戍相望，中军皆鼎司尤侯，贱卒仪同青紫，每云食半菽，又云无挟纩，辇漕所至，船到便留，即非单车使折简书所能制矣，其病四也。[注一五]

此外，关于河汴间因战争破坏而生的劳力供给的困难，《旧唐书》卷一二〇《郭子仪传》亦说：

夫以东周之地，久陷贼中，宫室焚烧，十不存一，百曹荒废，曾无尺椽。中间畿内，不满千户，井邑榛棘，豺狼所嗥，即乏军储，又鲜人力。东至郑汴，达于徐方，北白覃怀(在今河南武陟县西)，经于相土(按相州即今河南安阳县治)，人烟断绝，千里萧条。[注一八]

关于运河的淤塞，《通鉴》卷二二三广德二年(764年)三月己酉条亦云：

自丧乱以来，汴水堙废。

面对着当前漕运的困难和需要，刘晏开始他的大刀阔斧的改革。他第一步的工作为疏浚运河的水道，以免因淤塞而不便航运。[注一七]复次，当日运河黄河间既因战事影响而劳力供给锐减，他遂开"始以盐利（政府因专卖食盐而得的利益）为漕佣"来另外雇人运输，而"不发丁男，不劳郡县"[注一八]。这对于过去"州县取富人督漕輓，谓之船头"[注一九]的办法是一种很大的改革。此外，为着要保障航运的安全，除由政府于运河沿岸分别派遣军队驻防外，他又把漕运船只及人员组织起来，而以武职官吏负护送和押运的责任。

关于运河两岸的警卫，《全唐文》卷四六代宗《缘汴河置防援诏》云：

> 如闻自东都至淮泗缘汴河州县，自经寇难，百姓凋残，地阔人稀，多有盗贼。漕运商旅，不免艰虞。宜委王缙各与本道节度计会商量，夹河两岸每两驿置防援三百人，给侧近良沃田令其营种，分界捉搦。

其次，关于运输队的组织，《新唐书》卷五三《食货志》云：

> 十船为纲，每纲三百人，篙工五十人，自扬州道将部送至河阴。

又《通鉴》卷二二六建中元年七月己丑条云：

船十艘为一纲，使军将领之。十运无失，授优劳官。

又王谠《唐语林》卷一云：

刘晏为诸道盐铁转运使，……始于扬州转运，船每以十只为一纲，……扬州遣军将押至河阴。……汴水至黄河迅急，将吏典主数运之后，无不发白者。

除解决上述漕运的困难以外，他又积极地作种种改革的设施。其中最主要的一种，是实行裴耀卿时代的分段运输法，而加以改进。他"随江、汴、河、渭所宜。……江船不入汴，汴船不入河，河船不入渭。江南之运积扬州，汴河之运积河阴，河船之运积渭口，渭船之运入太仓"[注二〇]。按以前裴耀卿改革漕运时，规定江南各地的租船须一直经汴河驶往河阴，在那里卸下物资，然后南返。如今刘晏鉴于江汴水力的不同，更把这一段路程细分为两节，而以扬州为转运中心；由江南各地用船运来的物资，到了扬州便可卸下，再由那里另外用船经汴河运往河阴。复次，刘晏"以为江、汴、河、渭水力不同"，又"务随便宜造运船，教漕卒"[注二一]。这些漕卒经过长期严格训练以后，"未十年，人人习河险"。至于航运所用的船只，因为要适应各河流大小不同的水力,更是各有特殊的构造。例如在汴河航运的,是"歇艎支江船",共有二千艘,每艘载重一千石;在黄河上三门险滩时航运的,又是另外一种船只,名叫"上门填阙船"[注二二]。关于这些船只的制造,他的深谋远虑的地方,着实要令人叹服。他"于扬子(今江苏仪征县东南)置十场造船,每艘给钱千缗。或言所用实不及半,虚费太多。晏曰:不然,论大计者,固不可惜小费。凡事必为永久之虑。今始置船场,执事者至多,当先使之私用无窘,则官物坚牢矣。若遽与之屑屑校计锱铢,安能久行乎?异日必有患吾所给多而减之者,减半以下犹可也,过此则不能运矣。其后五十年,有司果减其半。及咸通(860—874年)中,有司计费而给之,无复羡余,船益脆薄易坏,漕运遂废矣"[注二三]。此外,关于牵船所用的绳索,他也有很好的打算。他"调巴、蜀、襄、汉麻枲竹篾为绹輓舟"[注二四]。这些麻枲竹篾非常坚韧,当制为绳索,供船夫拉纤之用的时候,自然可以避免像从前杨务廉时代那样动辄因绳断而"扑杀数十人"的惨剧。由于以上的种种设施,当日船夫的驾驶技术自然非常熟练,船只的构造自然非常坚固耐用,从而运输的效能也就可以充分发挥了。

  刘晏改革漕运以后,不独运输效能因此增加,就是运输费用也可以大为节省。在由江淮至长安的漫长的交通线上,他尽可能地以水路代替陆路来运送物资,以便减轻运费。例如"故时转运船由润州(今江苏镇江县)陆运至扬子,斗米费钱十九。晏命囊米而载以舟,减钱十五。"其次,关于已经废坏的运输工具的处置,他又"以朽索腐材代薪,物无弃者",这也可以减轻运输的成本。结果,除如上述由润州至扬子一段每斗米减钱十五文以外,"繇扬州距河阴,斗米费钱百二十。晏……米斗减钱九十。……轻货自扬子至汴州,每驮费钱二千二百,减九百。岁省十余万缗"[注二五]。

由于上述刘晏在漕运方面的种种改革,运河遂恢复它的连系南北的作用。每年由江淮经这条动脉北运的米粮,多时达一百一十万石左右,少时也有五十万石。这些米运到河阴以后,除其中四十万石运往长安外,因为黄河每年通航的时间有限,其余一部分只好留贮于河阴仓,一部分则运至陕州太原仓存贮,以备下年黄河春水初通而江淮米尚未到达时先运入关中之用。当刘晏的第一批米运抵长安的时候,"大子(代宗)大悦,遣卫士以鼓吹迓东渭桥,驰使劳曰:卿,朕鄸侯(萧何)也!"[注二六]

关于刘晏每年由江淮北运米粮的数量,《新唐书》卷五三《食货志》云:

> 岁转粟百一十万石,无升斗溺者。

又《通鉴》卷二二六云：

> 自是每岁运谷，或至百余万斛，无升斗沉覆者。

但这只是运粮的最高额，少时每年不过五十万石。《旧唐书》卷四九《食货志》云：

> 旧制每岁运江淮米五十万斛至河阴，留十万，四十万送渭仓。晏没，久不登其数。[注二七]

在这些北运的米中，每年有四十万石运抵关中。关于此点，除如上引《旧唐书·食货志》所载外，《新唐书》卷一四九《刘晏传》亦云：

> 凡岁致四十万斛。自是关中虽水旱，物不翔贵矣。

其余的米则分别留贮于河阴仓及太原仓。关于留贮的数量及原因，陆贽《陆宣公翰苑集》卷一八《请减京东水运收脚价于沿边州镇储蓄军粮事宜状》云：

> 顷者每年从江西、湖南、浙东、浙西、淮南等道都运米一百一十万石，送至河阴。其中减四十万石留贮河阴仓，余七十万石送至陕州。又减三十万石留贮太原仓，惟余四十万石送赴渭桥输纳。臣详问河阴太原等仓留贮之意，盖因往年虫旱，关辅荐饥，当崔造作相之初，惩元琇罢运之失，遂请每年转漕米一百万石以赡京师；比至中途，力殚岁尽，

所以节级停减，分贮诸仓。每至春水初通，江淮所般未到，便取此米入运，免令停滞舟船。江淮新米至仓，还复留纳填数。输环贮运，颇亦协宜。

臣近勘河阴太原等仓，见米犹有三百二十余万石。河阴一县，所贮尤多，仓廪充盈，随便露积。[注二八]

这虽然是贞元八年(792年)的记载，但我们却可由此推知略为早些的刘晏时代的大概情形。

第三节 ● 代宗德宗时代运河交通的阻扰与政府应付的政策

因安史之乱而长期阻塞的运河，虽然由于刘晏的改革而恢复连系南北的作用，可是，我们只要进一步地把当日运河的运输量和以前裴耀卿及韦坚时代的运输量比较一下，便可发见这时连系的程度已远不如以前那样密切，连系的规模也远不及以前那样庞大。上章曾说，裴耀卿因改革漕运而由江淮运抵关中的米粮，三年内共七百万石；韦坚改革后，一年运入关中的米粮，最高时竟达四百万石。可是，刘晏改革以后，每年由江淮经运河北运的米粮，最高时不过一百一十万石，少时只有五十万石；而这些北运的米，又因黄河每年可航的时间不长，只有四十万石运抵关中；其余须分别留贮于河阴及陕州的仓库。换句话说，刘晏时代每年由运河运往关中的米，只有裴耀卿时代的六分之一，韦坚时代的十分之一。这种多寡悬殊的对照，无形中告诉我们：安史乱后运河虽因刘晏的改革而重新把军事政治重心的北方和经济重心的南方连系起来，可是这种连系却远不及以前开元天宝时代那样密切了。

不特如此，刘晏改革漕运后，运河河道虽然因疏浚而不淤塞，运输所需的劳力虽然因以盐利为漕佣而得到供给，沿途治安虽然因军警的驻防和运输队的严密组织而得到保障，可是，在当日战后安史余孽及其他武将仍拥重兵的新形势中，跋扈军人对于运河航运的阻扰却仍旧没有办法解除，这实是刘晏在漕运改革方面的一个漏洞。因为这个漏洞的存在，此后运河便常因跋扈军人的阻扰而不能充分发挥沟通南北的作用，以致连上述那种远较开元天宝时代为小的运输量也不能顺利维持下去。

远在代宗大历元年(即永泰二年，767年)十二月，同华二州节度使及潼关防御使周智光已经在潼关附近"劫诸节度使进奉货物及转运米二万硕，据州反。……时淮南节度使检校右仆射崔圆入觐，方物百万，智光强留其半"[注二九]。其后，到了大历十一年(776年)，与魏博节度使田承嗣互相勾结的"汴州大将李灵耀(一作曜)反，因据州城，绝运路"[注三〇]；"公私财赋一皆遏绝，独(郭)子仪封币经其境，莫敢留之，必持兵卫送"[注三一]。这两次运道的阻扰，因为很快便给中央军队镇压下去[注三二]，时间并不怎么长，影响也不怎么大。

运道之大规模的蒙受阻扰，始于德宗建中二年(781年)藩镇与中央政权的大冲突。是年三月，中央政府鉴于河北山东等地藩镇的跋扈，在汴州筑城防御，是这次冲突的导火线。冲突开始以后，李正己(据有淄青等州，即今山东各地)及田悦(据有魏博等州，即今河南之河北，与山东之西部等)，即以重兵集中于足以控制运河的徐州，并派兵驻屯于南北交通要冲的埇桥(在今安徽宿县北二十里)和涡口(在今安徽怀远县东北)，以阻止江淮运船的北上。这条生命线的切断，对于当日以江淮财赋为经济基础的中央政权是一种很重大的威胁，故德宗赶紧派遣在这一带地方威名卓著的张万福为濠州(按涡口在濠州之西)刺史，以便相机武装护送运船来突破敌人的封锁线。其后到了是年十月，徐州(按埇桥在徐州之南)刺史李洧以本州及埇桥归命中央，十一月中央军队大败淄青魏博兵于徐州，运道始复畅通无阻。

关于建中二年藩镇与中央冲突的原因，《旧唐书》卷一二《德宗纪》云：

> （建中二年）三月庚申朔，筑汴州城。初大历中，李正己有淄、青、齐、海、登、莱、沂、密、德、棣、曹、濮、兖、郓十五州之地，李宝臣有恒、定、易、赵、深、冀、沧七州之地，田承嗣有魏、博、相、卫、洺、贝、澶七州之地，梁崇义有襄、邓、均、房、复、郢六州之地，各聚兵数万。始因叛乱得位，虽朝廷宠待加恩，心犹疑异，皆连衡盘结以自固。朝廷增一城，浚一池，便飞语有辞；而诸盗完城缮甲，略无宁日。至是田悦初禀命，刘文喜殄除，群凶震惧。又奏计者还，都无赐与，既归皆构怨言。先是汴州以城隘不容众，请广之。至是筑城。正己田悦移兵于境为备。故诏分汴、宋、滑为三节度，移京西防秋兵九万二千人以镇关东，又于偃城置澉州。[注三三]

冲突起后，李正己等便以徐州为重要的军事中心而分别驻兵于其附近的埇桥和涡口，以切断南北的交通线。《新唐书》卷二一三《李正己传》云：

> 建中初，闻城汴州，乃约田悦、梁崇义、李惟岳偕叛，自屯济阴，陈兵按习，益师徐州，以扼江淮。天子于是改运道。[注三四]

在这个南北交通隔绝的时候，张万福曾在涡口护送

运船来冲破敌兵的封锁线。《通鉴》卷二二七建中二年六月条云:

> 时内自关中，西暨蜀汉，南尽江、淮、闽、越，北至太原，所在出兵。而李正己遣兵扼徐州、埇桥、涡口，梁崇义阻兵襄阳，运路皆绝，人心震恐。江淮进奉船千余艘泊涡口，不敢进。上以和州刺史张万福为濠州刺史。驰至涡口，立马岸上，发进奉船。淄青将士停岸眙睨不敢动。

又《旧唐书》卷一五二《张万福传》云:

> 带和州刺史镇咸阳，因留宿卫。李正己反，将断江淮路，令兵守埇桥涡口。江淮进奉船千余只泊涡（《册府元龟》多一口字）下，不敢过。德宗以万福为濠州刺史，召见谓曰："先帝改卿名正者，所以褒卿也。朕以江淮草木亦知卿威名，若从先帝所改，恐贼不知是卿也。"复赐名万福。驰至涡口，立马岸上，发进奉船。淄青兵马倚岸眙睨不敢动。诸道船继进。[注三五]

又韩愈《昌黎先生外集》卷九《顺宗实录》四云:

> 李正己反，将断江淮路，令兵守埇桥涡口。江淮进奉船千余只泊涡口，不敢进。德宗以万福为濠州刺史。万福驰至涡口，立马岸上，发进奉船。淄青将士停岸眙睨不敢动。诸道继进。

但这不过是中央政府一时的幸运,其后一直等到李洧以徐州及埇桥归顺,及中央军队大败藩镇兵于徐州,运河才正式恢复航运。《旧唐书》卷一四五《刘玄佐传》云:

> 刘玄佐本名洽,……建中二年,加兼御史中丞,亳颍节度等使。李正己死,子纳匿丧谋叛。而李洧以徐州归顺,纳遣兵围之。诏洽与诸军援洧,与贼接战,大破之,斩首万余级。由是转输路通。[注三六]

又《通鉴》卷二二七载建中二年十一月:

> 辛酉,宣武节度刘洽,神策都知兵马使曲环,滑州刺史襄平李澄,朔方大将唐朝臣大破淄青魏博之兵于徐州。……魏博淄青军解围走。江淮漕运始通。

又白居易《白氏长庆集》卷二九(《文苑英华》卷九七六)《襄州别驾(《文苑英华》多一白字)府君事状》云:

> 公讳季庚,……建中元年,授彭城县令。时徐州为东平所管,属本道节度使反。反之状,先以胜兵屯埇口,绝汴河运路,然后谋东窥江淮。朝廷忧虞,计未有出。公与本州刺史李洧潜谋以徐州及埇口城归国,反拒东平。东平遣骁将信都、崇敬、石隐金等率劲卒二万攻徐州。徐州无兵,公收合吏民得千余人,与李洧坚守城池,亲当矢石,昼夜攻拒。凡四十二日,而诸道救兵方至。既而贼徒溃,运路通。

又同书卷五九《文苑英华》卷六三八《荐李晏韦楚状》云：

又建中初，李正己与纳连反，汴河阻绝，转输不通。晏先父洧，即正己堂弟，为徐州刺史。当叛乱之时，洧以一郡七城归国效顺，弃一家百口，任贼诛夷，开运路于咽喉，断凶渠之右臂，遂使逆谋大挫，妖寇竟消，从此徐州埇桥，至今永为内地。如洧之子，实可念之。[注三七]

按埇桥在徐州以南的运河旁边，为南北交通的枢纽。其后到了元和四年（809年）正月，因地位日形重要，遂升为宿州。《通鉴》卷二二七胡注云：

甬桥在徐州南界汴水上，后置宿州于此。

又《元和郡县图志》卷九云：

宿州，本徐州符离县也，元和四年，以其地南临汴河，有埇桥为舳舻之会，运漕所历，防虞是资，又以蕲县北属徐州，疆界阔远，有诏割符离蕲县及泗州之虹县，置宿州，取古宿国为名也。

按自隋氏凿汴以来，彭城南控埇桥，以扼汴路，故其镇尤重。

又《唐会要》卷七〇云：

太和七年（833年）二月敕："宜准元和四年正月割徐州符离、蕲、泗州虹县，依前置宿州，隶属徐、泗、濠等州观察使。其州置于埇桥,在徐州南界汴水上,舟车之要。……"

又《唐大诏令集》卷九九(《全唐文》卷八四)《降徐州为团练敕》(咸通三年八月)云:

> 宿州地居埇(原误作埇,兹从《全唐文》改正)口,路扼彭门,北接睢阳,南临淮甸,当漕运之要,盖水陆之冲。

当运河被切断的时候,李洧及白季庚等统治着足以控制埇桥的徐州,实有举足轻重之势。在当日中央与藩镇势均力敌的局面下,他们把徐州及埇桥从藩镇掌握中解放出来,使中央政权赖以支持的生命线仍然完整无缺,自然要打破均势而使中央获胜了。

可是,此后运河的畅通无阻,并没有继续多久。由于中央与藩镇的冲突之扩大,到了建中三年(782年)十一月,曾经阻扰运河航运的李纳的游兵,又导引李希烈的淮西军队来切断运河的交通线。再过一年,李希烈攻陷运道要冲的汴州,运河的交通更是陷于完全断绝的状态。

藩镇之反对中央政权,当以建中三年互相僭称王号为极点。《旧唐书》卷一三四《马燧传》载建中三年:

> 十一月,三盗于魏县(在今河北大名县西三十五里)军中递相推奖王号。朱滔称冀王,田悦称魏王,王武俊称赵王。又遣使于李纳,纳称齐王,四道共推淮西李希烈

为天下兵马元帅太尉建兴王。皆伪署官号，如国初行台之制，而名目颇有妖僻者，然未敢伪称年号。而五盗合从，图倾社稷，两河鼎沸，寇盗横行。[注三八]

这时除朱滔、王武俊及田悦等联军已经大败马燧及李抱真等的中央军队于魏州连篋山之西[注三九]外，李纳及李希烈的队伍又自南北两面来阻扰运河的交通。《通鉴》卷二二七建中三年十一月条云：

> 李希烈帅所部兵三万徙镇许州，遣所亲诣李纳与谋共袭汴州。……纳亦数遣游兵度汴，以迎希烈。由是东南转输者皆不敢由汴渠，……

又《新唐书》卷二二五中《李希烈传》云：

> 李纳叛，……希烈……遣李苢约纳为唇齿，阴计取汴州。……纳遣游兵导希烈绝汴饷路。

其后，到了建中四年（783年）十二月，李希烈攻下汴州，[注四〇]运河的航运遂完全断绝。《通鉴》卷二二九建中四年十一月条云：

> 时……李希烈攻逼汴郑，江淮路绝。

又赵元一《奉天录》卷二云：

> 时（建中四年）希烈兵势渐盛，南破张伯仪，北败哥舒曜，纵师攻汴州。都统司徒李公勉弃城而逸，拥众而投宋州。大梁遂陷，江淮震惧。贼既入城，资

贿山积，河路断绝。

当运河失去沟通南北的作用的时候，在帝国中枢方面又发生惊人的事变。因哥舒曜兵败被围(为李希烈军队所围)于襄城(今河南襄城县)而前往增援的泾原(治泾州，今甘肃泾川县治)军队，路过长安，因政府只以"粮食菜啖"犒劳，愤而作乱，奉曾作他们统帅而早已免职闲居的朱泚为帝。首都既为叛兵所占，德宗仓卒出幸奉天(今陕西乾县治)。[注四一]叛兵继续前往围攻，中枢的形势至为危急。其后奉天之围虽因李怀光援兵的来临而解除，李怀光却又因"军士禀赐不均"而跟着叛变，以致德宗被迫移驻陕南的梁州(今陕西南郑县治)。[注四二]在这个首都陷落，江淮物资因运河被切断而不能大量接济关中的时候，肩负收复首都重任的神策行营节度使李晟，却因镇海军(治润州，即今江苏镇江县)节度使韩滉的武装护航而获得军粮的供应。

关于韩滉以武装护送航运来突破运河封锁线的情形，《通鉴》卷二三一兴元元年(784年)五月条云：

> (韩滉)又运米百艘，以饷李晟。自负囊米置舟中，将佐争举之，须臾而毕。艘置五弩手，以为防援。有寇则叩舷相警，五百弩已彀矣。比达渭桥，盗不敢近。时关中兵荒，斗米直钱五百。及滉米至，减五之四。

又《新唐书》卷一二六《韩滉传》云：

> 滉……调发粮帛以济朝廷者褊属，当时实赖之。李晟方屯渭北，滉运米馈之。船置十弩以相警，捍贼不能剽。始漕船临江，滉顾僚吏曰："天子蒙尘，臣下之耻也！"乃自举一囊，将佐争负之。

又《奉天录》卷二云：

> 时滉以中国多难，翠华不守，淮西、幽、燕，并为敌国，公虑敖仓之粟不继，忧王师之绝粮，遂于浙江东西市米六百万石，表奏御史四十员，以充纲署。淮汴之间，楼船万计。中原百万之师，馈粮不竭者，韩公之力焉。

李晟于兴元元年五月平定朱泚之乱，收复京城后，七月德宗自梁州返抵长安。[注四三]在此时的前后，平乱的中央军队虽然因韩滉的武装护航而得到粮食的供应，可是当日运河既因被敌人切断而不能畅通，因此而冒险运抵关中的物资究竟有限。因此，在当日运河不能把江淮物资大量运往关中的时候，中央政府过的完全是艰难困苦的日子。上面曾说，泾原及李怀光的军队所以叛变，主要由于待遇的不良；而待遇所以不良，又由于中枢因不能得到江淮物资的充分供应而起的财政困难。及德宗被迫移驻梁州的时候，天气已经渐渐炎热，但因物资供给困难,军队尚未改换春服,德宗还穿着皮衣,李晟更只好与士卒同甘共苦。其后长安虽然克复,可是因为运河尚未畅通,江淮物资还不能大量运到,再加以关中又因兵燹和旱蝗而农产歉收,关中遂发生非常严重的粮食恐慌。这种粮食恐慌的严重程度,几乎要令到中央政权整个动摇起来;因为在当日空前饥馑的情形下,一般老百姓固然要沦为饿殍,上自皇帝下至各级公务员固然要节食减膳,就是禁军也要因食粮缺乏而怨声载道,以致引起德宗的忧虑。

关于长安及汴州失陷时中央政府的困苦情况,《旧唐书》卷一二三《王绍传》云:

> 时李希烈阻兵,江淮租输所在艰阻。……属德宗西幸,……德宗……谓绍曰:"六军未有春服,我犹衣裘!"[注四四]

又《文苑英华》卷九七三(《全唐文》卷五三〇)顾况《韩公(滉)行状》云:

> 天子幸梁川巴山道……六军从官扈跸千里,时属维夏,未颁春衣。

又《新唐书》卷一五四《李晟传》云:

> 时输缣不属,盛夏士有衣裘者。晟能与下同甘苦,以忠谊感发士心,终无携怨。

及官军收复长安后,仍因物资供给困难,关中的景况至为恶劣。《旧唐书》卷一二《德宗纪》云:

(贞元元年四月己卯)时关东大饥,赋调不入,由是国用益窘。关中饥民,蒸蝗虫而食之。

(七月庚申)关中蝗食草木都尽,旱甚,灞水将竭,井多无水。有司计度支钱谷,才可支七旬。甲子诏:"……所宜出次贬食,节用缓刑,侧身增修,以谨天戒。朕自今视朝,不御正殿。有司供膳,并宜减省。不急之务,一切停罢。除诸军将士外,应食粮人诸色用度,本司本使长官商量减罢,以救凶荒。……"

(二年正月)丙申,诏以民饥,御膳之费减半。都人月共粮米都一千五百石,飞龙马减半料。

(五月)己亥,百寮请上复常膳。是时民久饥困,食新麦过多,死者甚众。

又《新唐书》卷五三《食货志》云:

贞元初,关辅宿兵,米斗千钱。太仓供天子六宫之膳,不及十日。禁中不能酿酒。以飞龙驼负永丰仓米给禁军,陆运牛死殆尽。

又《通鉴》卷二三一载贞元元年(785年)七月:

大旱,灞沪将竭,长安井皆无水,度支奏中外经费才支七旬。

又同书卷二三二载贞元二年(786年)四月：

> 关中仓廪竭，禁军或自脱巾呼于道曰："拘吾于军，而不给粮，吾罪人也！"上忧之甚。

又同书卷二四七载会昌四年(844年)七月辛卯：

> （李）德裕曰："昔李怀光未平，京师蝗旱，米斗千钱。太仓米供天子及六宫，无数旬之储。……"

又《陆宣公翰苑集》卷一八《请减京东水运收脚价于沿边州镇储蓄军粮事宜状》云：

> 贞元之始，巨盗初平，太仓无兼月之储，关辅遇连年之旱。……郊畿之间，烟火殆绝，都市之内，馁殍相望。

由此可知，当日中央政权因运河被切断而遇到的危机是很严重的。

当关中政府因运河不能把江淮物资大量运来而陷入萧条黯淡的局面的时候，运河却渐渐因军事形势的好转而重新打通。原来李希烈自攻陷汴州之后，又沿着运河东下，围攻宁陵（今河南宁陵县），有直捣江淮之势。幸而韩滉及时派兵北上，与刘洽（即刘玄佐）合力解围，才把他这种攻势堵住。其后到了兴元元年十一月，刘洽进而收复汴州，更是运河复航的一大关键。

关于韩滉等的解宁陵之围，《旧唐书》卷一二九《韩滉传》云：

> 寻加检校礼部尚书，兼御史大夫，润州刺史，镇海军节度使。……及建中年冬，泾师之乱，德宗出幸，河汴骚然。滉训练士卒，锻砺戈甲，称为精劲。李希烈既陷汴州，滉乃择其锐卒，令裨将李长荣王栖曜与宣武军节度使刘玄佐犄角讨袭。解宁陵之围，复宋汴之路，滉功居多。[注四五]

复次，关于汴州的克复，《陆宣公翰苑集》卷八《刘洽检校司空充诸道兵马都统制》云：

> 刘洽……扼制淮夷，保障楚甸，戎捷继至，军声再扬。殪群凶于宛丘，驱大憝于梁野，控引漕輓，委输京师。[注四六]

可是，运河虽因汴州的收复而重新打通，如果想要江淮物资能够大量运抵关中，还有两种困难需要加以克服：第一，当日统治着物资供给地带的韩滉，在运河被切断的时候虽然曾经派兵解宁陵之围，及以武力护送运船来接济关中，但他的修筑石头城(在江苏江宁县西石头山后)却没有得到中央政府的谅解。这样一来，江南与关中的统治者既然互相疑忌，中央政府自不会因运河的重新打通而得到江淮米粮的大量供应。复次，长安虽然因朱泚之乱的平定而收复，李怀光的叛兵却窜回他们的老巢河中(今山西永济县治）,而与陕虢都知兵马使达奚抱晖互相勾结,以切断运河与长安间的运输线。面对着当前的两大困难,历仕肃、代、德三朝的李泌表现出他的精明强干。他一方面力劝德宗信任韩滉,扫清了两者间的猜忌;他方面单人匹马前往陕州,用权术来解除达奚抱晖的兵权。

韩滉统治区域的中心京口（即今镇江）,因为处于运河的南端,是唐代漕运的咽喉之地。吕祖谦《历代制度详说》卷四云:

> 唐时漕运大率三节：江淮是一节,河南是一节,陕西到长安是一节。……此三节最重者京口。初京口济江淮之粟,所会于京口。京口是诸郡咽喉处。初时润州、江、淮之粟至于京口;到得中间,河南陕西互相转输,然而三处惟是江淮最切。何故?皆自江淮发足。所以韩滉由漕运致位宰相,李锜因漕运飞扬跋扈,以至作乱。以此三节,惟是京口最重。

对于韩滉在当日漕运上所处地位的重要,李泌认识得最为深切,故他极力解消中央政府与韩滉间的猜疑,以便当日物资极度缺乏的关中,能因运河的恢复航运而得到江淮物资的充分供应。《通鉴》卷二三一兴元元年十一月条云:

> 议者又言韩滉闻銮舆在外,聚兵修石头城,阴蓄

异志。上疑之,以问李泌。对曰:"滉公忠清俭,自车驾在外,滉贡献不绝。且镇抚江东十五州,盗贼不起,皆滉之力也。所以修石头城者,滉见中原板荡,谓陛下将有永嘉之行,为迎扈之备耳。此乃人臣忠笃之虑,奈何更以为罪乎?滉性刚严,不附权贵,故多谤毁。愿陛下察之!臣敢保其无他。"上曰:"外议汹汹,章奏如麻,卿弗闻乎?"对曰:"臣固闻之。其子皋为考功员外郎,今不敢归省其亲,正以谤语沸腾故也。"上曰:"其子犹惧如此,卿奈何保之?"对曰:"滉之用心,臣知之至熟,愿上章明其无他。乞宣示中书,使朝众皆知之。"上曰:"朕方欲用卿,人亦何易可保,慎勿违众,恐并为卿累也。"泌退,遂上章请以百口保滉。他日,上谓泌曰:"卿竟上章,已为卿留中。虽知卿与滉亲旧,岂得不自爱其身乎?"对曰:"臣岂肯私于亲旧,以负陛下?顾滉实无异心,臣之上章,以为朝廷,非为身也。"上曰:"如何其为朝廷?"对曰:"今天下旱蝗,关中米斗千钱,仓廪耗竭,而江东丰稔。愿陛下早下臣章,以解朝众之惑,面谕韩皋,使之归觐,令滉感激,无自疑之心,速运粮储,岂非为朝廷邪?"上曰:"善!朕深谕之矣。"即下泌章,令韩皋谒告归觐,面赐绯衣,谕以"卿父比有谤言，朕今知其所以，释然不复信矣"。因言："关中乏粮，归语卿父，宜速致之！"皋至润州，滉感悦流涕，即日自临水滨，发米百万斛。听皋留五日，即还朝。皋别其母，啼声闻于外。滉怒，召出挞之，自送至江上，冒风涛而遣之。既而陈少游（淮南节度使）闻滉贡米，亦贡二十万斛。上谓李泌曰："韩滉乃能化陈少游贡米矣！"对曰："岂惟少游，诸道将争入贡矣！"

复次，为着要保障运河与长安间运输的安全，李泌又用权术来解除达奚抱晖在陕州一带的兵权。同书卷二三一云：

> 陕虢都知兵马使达奚抱晖鸩杀节度使张劝，代总军务，邀求旌节，且阴召李怀光将达奚小俊为援。上谓李泌曰："若蒲（即李怀光占据下的河中）陕连衡，则猝不可制。且抱晖据陕，则水陆之运皆绝矣。不得不烦卿一往。"（贞元元年七月）辛丑，以泌为陕虢都防御水陆运使。上欲以神策军送泌之官，问须几何人。对曰："陕城三面悬绝，攻之，未可以岁月下也。臣请以单骑入之。"上曰："单骑如何可入？"对曰："陕城之人，不贯（惯）逆命，此特抱晖为恶耳。若以大兵临之，彼闭壁定矣。臣今单骑抵其近郊，彼举大兵则非敌，若遣小校来杀臣，未必不更为臣用

也。且今河东全军屯安邑,马燧入朝,愿敕燧与臣同辞偕行,使陕人欲加害于臣,则畏河东军讨之,此亦一势也。"上曰:"虽然,朕方大用卿,宁失陕州,不可失卿,当更使他人往耳。"对曰:"他人必不能入。今事变之初,众心未定,故可出其不意,夺其奸谋。他人犹豫迁延,彼既成谋,则不得前矣。"上许之。泌见陕州进奏官及将吏在长安者,语之曰:"主上以陕虢饥,故不授泌节而领运使,欲令督江淮米以赈之耳。陕州行营在夏县,若抱晖可用,当使将之,有功则赐旌节矣。"抱晖觇者驰告之,抱晖稍自安。泌具以语白上曰:"欲使其士卒思米,抱晖思节,必不害臣矣。"上曰:"善!"戊申,泌与马燧俱辞行。庚戌,加泌陕虢观察使。泌出潼关,鄜坊节度使唐朝臣以步骑三千布于关外,曰:"奉密诏送公至陕。"泌曰:"辞日奉进止,以便宜从事。此一人不可相蹑而来,来则吾不得入陕矣。"朝臣以受诏,不敢去。泌写宣以却之,因疾驱而前。抱晖不使将佐出迎,惟侦者相继。泌宿曲沃,将佐不俟抱晖之命来迎。泌笑曰:"吾事济矣!"去城十五里,抱晖亦出谒。泌称其摄事保完城隍之功,曰:"军中烦言,不足介意,公等职事皆按堵如故。"抱晖出而喜。泌既入城,……但索簿书治粮储。明日,召抱晖至宅,语之曰:"吾非爱汝而不诛,恐自今有危疑之地,朝廷所命将帅皆不能入,故匄汝余生。汝为我赍版币祭前使,慎无入关,自择安处,潜来取家,保无他也。"……抱晖遂亡命不知所之。达奚小俊引兵至境,闻泌已入陕而还。

由于上述长安与江淮间运输线的打通,中央政府与韩滉间摩擦的扫除,运河遂恢复连系南北的作用,即把江淮的米大量运往关中,以解救中枢因粮食极端缺乏而起的危急的形势。在当日运河重新打通的时候,对于这种危机的挽救贡献最大的,我们要推韩滉和李泌;此外,齐抗对于运河与长安间航运的畅通,也有相当的功劳。当江淮米船驶达山西垣曲(在黄河北岸)的时候,正在晋南一带平李怀光之乱而军粮极感不足的中央部队,气势为之大振。其后,当韩滉运米三万石抵达陕州的消息由李泌传至长安的时候,德宗更是喜极欲狂地对太子说:"米已至陕,吾父子得生矣!"可见当日运河的重新打通,实与大唐帝国的继续存在有很密切的关系。

关于韩滉等运米的努力,与中央政府因此而得救的情形,《文苑英华》卷九七三(《全唐文》卷五三〇)顾况《韩公(滉)行状》云:

关中初复，公以国无年储，何御荒俭，陈围已解，汴路即通，即抗表请献军粮二十万斛，从本道直至渭桥。公命判官元友直草创运务，部勒趋程。时河中阻兵，坚城未拔，关河蝗旱，军食不足。船至垣曲，王师大振。拜检校尚书右仆射同中书门下平章事，加本道度支营田，充汀淮转运等使。连岁蝗灾，仰在转运。公自晨及暮，立于江皋，发四十七万斛。舳舻所至，近远慰安。

自公当漕运，初年（贞元元年）四十七万，二年七十万，末年一百万。

又《通鉴》卷二三二载贞元二年四月：

关中仓廪竭，……上忧之甚。会韩滉运米三万斛至陕，李泌即奏之。上喜，遽至东宫谓太子曰："米已至陕，吾父子得生矣！"时禁中不酿，命于坊市取酒为乐。又遣中使谕神策六军，军士皆呼万岁。

又司马光《资治通鉴》考异卷一八引《邺侯家传》云：

时（贞元二年）元琇判度支，江淮进米相次，已入汴州。而淄青及魏府蝗旱尤甚，人皆相食。李纳[注四七]无计，欲束身入朝。元琇乃支米十五万石与之，纳军遂济。三月入河，运第一纲米三万石，自集津车船至三门，[注四八]十日而毕。造入渭船，亦成米。至陕，俄而度支牒至，支充河中军粮。先公（李泌）忧迫，不知所为。欲使人闻奏，先令走马与韩相谋之。韩相报曰："慎不可奏！某判度支来，在外势不禁他，反被更鼓作言语。待某今冬运毕，当请朝觐，此时面奏。"时蝗旱，运路阻涩，自四月初后，有一日之内，再（胡本作七）奉手诏者，皆为催米，且言："军国粮储，自今月半后悉尽。此米所藉公忠，副朕忧，属星夜发遣，以济忧恤。"其旨如此。而不知米皆彼外支。盖琇及时宰忌韩相及先公运米功成，而不为朝廷大计，几至再乱。十月，韩相以馈运功成，请入朝。及对见，上大悦，言无不从。遂奏运事，且言："元琇支米与淄青河中，臣在外与先公皆不敢奏。"上大惊，即日贬琇为雷州司户。

又《旧唐书》卷一二九《韩滉传》云：

寻加检校礼部尚书，兼御史大夫，润州刺史，镇海军节度使。……自德宗出居，及归京师，军用既繁，道路又阻，关中饥馑，加之以灾蝗。江、淮、两浙转输粟帛，府无虚月，朝廷赖焉。［注四九］

又《陆宣公翰苑集》卷二（《文苑英华》卷四二五）《冬至大礼大赦制》（贞元元年十一月）云：

江淮转运使检校左仆射同中书门下平章事韩滉，

励精勤职，夙夜在公，漕辇资储，千里相继。事无怨咨，人不告劳。拯于凶灾，厥有成绩，可进封晋国公。

复次，关于齐抗在运河长安间主持运输的成绩，《文苑英华》卷六〇二（《全唐文》卷四五〇）齐抗[注五〇]《出官后自叙表》云：

> 臣去八月十九日，陛下赐臣荫官诏云："漕运成功，擢居东掖者。"……臣昨东都主运之日，是上都阙粮之时，贼光（李怀光）未平，蝗虫方甚。臣于河阴领米，分付陕州，务相催驱，不敢回避。

又权德舆《权载之文集》卷一四《齐成公（抗）神道碑铭》云：

> 复命转仓部郎中。李怀光阻命于蒲，连兵未解。关中饥旱，经费不足。转输馈军，济时之艰。

又《旧唐书》卷一三六《齐抗传》云：

> 德宗还京，大盗之后，国用尽竭。盐铁转运使元琇以抗有才用，奏受仓部郎中。……贞元初，为水陆运副使。督江淮漕运，以给京师。[注五一]

鉴于过去因运河被切断而领略到的痛苦的经验，唐代政府自贞元初年以后遂努力于运河交通线的控制，以免再蹈从前的覆辙。依照过去的经验，最能控制运河的交通，同时又曾被敌人占领以致运河无法航运的地方，共有两个，即徐州和汴州。徐州南有埇桥，为运河交通的要冲，从前李正己及李纳两父子即以兵驻在这里来断绝运河的交通。汴州前后为李灵耀及李希烈所据运河的航运也因此而受到很大的障碍。接受这许多事实的教训以后，政府遂在这两个地方配置人数众多的劲兵来防卫，选择精明强干的官员来治理。例如在徐州方面，以老诚练达的张建封代替年少不习事的高明应来作长官；在汴州方面，则由有收复汴州之功的刘玄佐来当节度使。

关于徐州在漕运上所处地位的重要，及中央政府在那里的措施，《通鉴》卷二三三贞元四年(788年)十一月条云：

> 李泌言于上曰："江淮漕运自淮入汴，以埇桥为咽喉，地属徐州，邻于李纳。刺史高明应年少不习事，若李纳一旦复有异图，窃据徐州，是失江淮也。国用何从而致？请徙寿、庐、濠都团练使张建封镇徐州，割濠泗以隶之；复以庐寿归淮南，则淄青慑息，而运路常通，江淮安矣。及今明应幼骏可代，宜征为金吾将军。万一使他人得之，则不可复制矣。"上从之以建封为徐、泗、濠节度使。

又《新唐书》卷一五八《张建封传》云：

贞元四年，拜御史大夫，徐、泗、濠节度使。始李洧以徐降，洧卒，高承宗、独孤华代之，地迫于寇，常困蹙不支。于是李泌建言："东南漕自淮达诸汴，徐之埇桥，为江淮计口。今徐州刺史高明应甚少，脱为李纳所并，以梗饷路，是失江淮者。请以建封代之，益与濠、泗二州。夫徐地重而兵劲，若帅又贤，即淄青震矣。"帝曰："善！"繇是徐复为雄镇。

又《旧唐书》卷一四〇《张建封传》云：

徐州……为贼侵削，贫困不能自存，又江淮要地，据江淮运路，朝廷思择重臣以镇者久之。贞元四年，以建封为徐州刺史，兼御史大夫，徐、泗、濠节度支度营田观察使。

其次，沿着运河再向西北走，汴州也是南北交通的要冲，在漕运上占有重要的地位。《陆宣公翰苑集》卷二〇《议汴州逐刘士宁事状》云：

梁宋之间，地当要害，镇压齐鲁，控引江淮。

又《白氏长庆集》卷四〇《与韩弘诏》云：

梁宋之地，水陆要冲，运路咽喉，王室藩屏。

又《文苑英华》卷五六八元稹《贺汴州诛李介表》云：

汴州扼吴楚之津梁，据咽喉之要地。

又同书卷八〇三（《全唐文》卷七四〇）刘宽夫《汴州纠曹厅壁记》云：

> 大梁当天下之要，总舟车之繁，控河朔之咽喉，通淮湖之运漕。

因此，自汴州克复后，政府即以有克复功劳的刘玄佐为汴宋节度使，[注五二]并以大批精锐部队在那里驻防。《陆宣公翰苑集》卷二〇《议汴州逐刘士宁事状》云：

> 近者刘玄佐驱攘巨猾，底复大梁，即镇于兹，几将十载。……缉修戎旅，振耀声势，远迩谈瞩，且为完军。制持东方，犹有所倚。

又《韩昌黎集》卷三七（《文苑英华》卷九七六）《董公(晋)行状》云：

> 汴州自大历来多兵事。刘玄佐益其师至十万人。

可是，一种政策的实施，事实上并没有绝对的利弊。为着要防范跋扈的藩镇来切断运河的交通线，政府在徐汴二州配备重兵，用意固然非常之好；但当这些地方配置好大批精锐部队以后，因为距离长安较远，中央政府不易控制，便常常因兵精将悍而发生变乱（其中尤以更易统帅时为甚），以致运河航运常常因此而受到严重的损失。就中汴州一地，自贞元八年（792年）刘玄佐死后，直至贞元十五年（799年），前后总共不过八年，便发生五次大规模的兵乱。当叛乱发

生的时候，由运河向北输送的物资常被乱兵大量抢劫而去，有时甚至因此而断绝航运。[注五三]

关于汴州驻防重兵与兵乱的关系，柳宗元《河东先生集》卷二二(《全唐文》卷五七七)《送杨凝郎中使还汴宋诗后序》云：

> 谈者谓大梁多悍将劲卒，亟就猾乱，而未尝底宁。控制之术，难乎中道。盖以将骄卒暴，则近忧且至，非所以和众而义民也；将诛卒削，则外虞实生，非所以扞城而固圉也。

综计贞元年间汴州一共发生五次兵乱。《通鉴》卷二三五贞元十六年(800年)三月条云：

> 宣武军(治汴州)自刘玄佐薨，凡五作乱。

又引胡三省《注》云：

> 贞元八年，玄佐薨，汴卒拒吴凑而立其子士宁。李万荣既逐士宁，十年，韩惟清等乱。十二年，万荣死，其子乃以兵乱。董晋既入汴，邓惟恭复谋乱。十四[注五四]年，晋薨，兵又乱，杀留后。凡五乱。

又《韩昌黎集》卷三七《董公(晋)行状》云：

> （贞元十二年）五月，拜检校尚书左仆射同中书门下平章事，汴州刺史，宣武军节度副大使……汴州自大历末多兵事。刘玄佐……死，子士宁代之，畋游无度。其将李万荣乘其畋也，逐之。万荣为节

度一年，其将韩惟清张彦林作乱，求杀万荣，不克。三年，万荣病风昏不知事，其子迺复欲为士宁之故。监军使俱文珍与其将邓惟恭执之归京师。而万荣死，诏未至，惟恭权军事。公既受命，遂行；刘宗经韩愈实从。……十五年二月三日，薨于位。……公之将薨也，命其子三日敛，既敛而行。于行之四日，汴州乱。故君子以公为知人。[注五五]

在第一次兵乱时，运河航运几乎断绝。《陆宣公翰苑集》卷二〇《议汴州逐刘士宁事状》云：

> 及玄佐殂殁，朝廷命吴凑代之。士宁凶顽，辄敢眦睚。……运路几绝，生人重残。

在贞元十年（794年）韩惟清等作乱时，叛兵曾作大规模的抢劫，以致转运财货有巨额的损失。《旧唐书》卷一四五《刘玄佐传》附《李万荣传》云：

> （贞元十年）遂授万荣宣武军兵马留后。初万荣遣兵三千备秋于京西，有亲兵三百，前为刘士宁所骄者，日益横，万荣恶之，悉置行籍中。由是深怨万荣。大将韩惟清张彦琳请将往，不许，万荣令其子迺将之。未发，惟清彦琳不得志，因亲兵衔怨，乃作乱，共攻万荣。万荣分兵击之。叛卒兵械少，战不胜，乃劫转运财货及居人而溃，杀伤千余人。[注五六]

又《唐会要》卷八五云：

> 贞元十二年六月，越州刺史皇甫政奏，"贞元十年进绫縠一千七百匹，至汴州，值兵逆叛，物皆散失。……"

此外其余各次兵乱时，转运物资也常常散失，故后来政府干脆把贮藏江淮物资的转运汴州院移往河阴，以免损失太大。《唐会要》卷八七云：

> （贞元）十五年，于颈（按《旧唐书》作顾）奏移转运汴州院于河阴，以汴州累遇兵乱，失散金帛故也。[注五七]

第四节 ● 综结

综括上述，我们可知安史乱后运河对于军事政治重心的北方和经济重心的南方的连系，实在远不及过去那样密切。当安史乱时，运河北段及运河与长安间的地方，为敌人占领，运河因不能航运而渐渐淤塞。其后叛乱平服，经刘晏改革以后，运河又恢复连系南北的作用，可是连系的程度却比开元天宝时代松懈得多，因为此后运河的运输量要远较开元天宝时代为小了。而且，刘晏关于漕运的改革虽然颇为完备，可是对于阻扰运河交通的跋扈的军人，因为是在当日战后的新形势中产生出来的，他却没有办法来解决。这是他的漕运改革的一大漏洞。因为有这个漏洞，自此以后，就是连那种远较盛唐时代为小的运输量，运河也不容易长期维持下去。说到跋扈军人对于漕运的阻扰，在代宗时代已经开始，到了德宗时代闹得更为厉害。建中年间中央与藩镇间接连不断的冲突，运河的交通线常被藩镇切断，以致南方出产的物资不能大量输送到北方去。位于关中的中央政府，既然因运河的切断而不能得到江淮物资的充分供应，便要因财政艰窘和粮食恐慌而遭遇到空前严重的危机。这种危机后来虽随着运河的重新打通而平安度过，可是此后运河航运仍不断的遭受跋扈军人的阻扰。因为政府鉴于过去因运河被切断而感受到的痛苦，于运河重新打通后便在足以控制运河交通线的徐州和汴州配置重兵，以免再受藩镇的侵略；可是这两地距离中央很远，在那里配置好的劲兵每因中央政府的不易控制而时常发生变乱，以致危害到运河航运的安全。总之，安史乱后的运河虽然跟着刘晏关于漕运的改革而恢复连系南方的作用，可是由于战后形势的特殊，它这种作用每因跋扈军人的阻扰而不能尽量发挥，从而削弱了中央政权的经济基础。因此，军事政治重心的关中不能常借运河的沟通而与经济重心的江淮取得密切连系的结果，这个大一统的帝国便渐因不能真正统一而力量锐减，从而此后它的势运便渐渐走向下坡路，而不能恢复开元天宝时代的光荣了。

关于安史乱后大唐帝国势运的衰微，《新唐书》卷二一九《北狄传论》云：

> 唐之德大矣，际天所覆，悉臣而属之。薄海内外，无不州县。遂尊天子曰天可汗。……极炽而衰，厥祸内移。天宝之后，区夏痍破，王官之威，北不逾河，西止秦邠，凌夷百年，逮于亡，顾不痛哉！

又《旧唐书》卷一一《代宗纪》云：

> 史臣曰：……观夫开元之治也，则横制六合，骏奔百蛮。及天宝之乱也，天子不能守两都，诸侯不能安九牧。……明皇之失驭也，则禄山暴起于幽陵。至德之失驭也，则思明再陷于河洛。大历之失驭也，则（仆固）怀恩乡导于犬戎。自三盗合从，九州羹沸，军士膏于原野，民力殚于转输，室家相吊，人不聊生！

又同书卷一三《德宗纪》云：

> 史臣曰：……德宗……欲混同华裔，束缚奸豪，南行襄汉之诛，北举恒阳之伐。出车云扰，命将星繁，罄国用不足以馈军，竭民力未闻于破贼。一旦德音扫地，愁叹连甍，果致五盗（田悦、朱滔、王武俊、李纳及李

^{希烈})僭拟于天王,二朱(朱泚、朱滔)凭陵于宗社。奉天之窘,可为涕零。罪己之言,补之何益?

按唐自安史乱后,内忧外患纷至沓来,国势衰微已极。当安史乱时,吐蕃见唐边备空虚,乘机入侵,攻陷凤翔以西邠州以北数十州。此后遂常常入寇,侵劫京畿,有时甚至占据长安。[注五八]回纥在安史乱后,国势尤为强盛,它一方面派兵助唐平乱,他方面又常凌侮唐室。代宗为广平王时,因恳求回纥暂时不要抢劫财物,曾拜于叶护(回纥怀仁可汗之子)马前。德宗为雍王时,往见毗伽阙可汗,因不于帐前舞蹈,备受凌辱,以致随员被痛殴而死。回纥派兵助唐收复洛阳后,便在那里从事大规模的劫掠,政府无从制止。留住在长安的回纥侨民,在市上白昼杀人,政府也无可奈何。[注五九]此外,上面曾说,回纥又每年以数万匹劣马运来换取唐室的绢帛,实行经济侵略政策,以致政府财政非常困难。至于当日内扰的频繁,上面已经屡次提及,这里不再赘说了。

最后,读者或不免要问:自高宗以后直至玄宗上半期,关中也常常发生粮食恐慌,但当日政府只要暂时移驻洛阳,危机便可平安度过,为什么安史乱后政府不仿效这个办法呢?为着要解答这个问题,我们须把这前后两个时期关中粮食恐慌或经济困难的原因分析一下。前一时期关中所以常因物资供需悬殊而发生恐慌，主要由于洛阳长安间运输的困难，故政府只要迁往江淮物资较易到达的洛阳，当日的军事政治重心便可因洛阳的媒介而与经济重心取得密切的连系。因为有这种密切的连系，故当日大一统的帝国仍是真正的统一，从而大体上仍能把太宗以来帝国的威望继续保持下去。至于后一时期关中所以发生粮食恐慌，主因不是洛阳长安间运输的困难，而是运河原来的运输效能之不能充分发挥。运河交通既因常受阻扰而不能把江淮物资大量北运，政府就是像以前那样移驻洛阳，也不能得到充分物资的供应，何况安史乱后的洛阳，又因经过兵燹之大规模的破坏，其本身及附近残破已极，无以"奉万乘之牲饩，供百官之次舍"[注六〇]呢？

● 注释

[注一]　《新唐书》卷一四五《杨炎传》略同。
[注二]　《通鉴》卷二一八，《册府元龟》卷四八三略同。
[注三]　《旧唐书》卷一四《宪宗纪》，《唐会要》卷八四略同。
[注四]　《全唐文》卷四一四常衮《减淮南租庸地税制》同。
[注五]　参考陈寅恪先生《唐代政治史述论》稿页一一一至一一二。
[注六]　参考《旧唐书》卷一九五《回纥传》。
[注七]　《旧唐书》卷一三八《韦伦传》。
[注八]　《新唐书》卷五三《食货志》。
[注九]　《唐会要》卷八七，及《旧唐书》卷四九《食货志》云："是时(宝

应元年，762—763年)淮河阻兵，飞峣路绝，盐铁租赋皆泝汉而上。"又参考《新唐书》卷五三《食货志》，卷一六三(《旧唐书》卷一五五)《穆宁传》。

[注一〇]　《通鉴》卷二二三广德二年三月己酉条。

[注一一]　《旧唐书》卷一三八《韦伦传》。《新唐书》卷一四三本传略同。按安禄山亦曾派兵南下，打算在襄阳附近切断汉水的交通线。《新唐书》卷二〇二《萧颖士传》云："山南节度使源洧辟掌书记。贼别校攻南阳，洧惧，欲退保江陵。颖士说日：官兵守潼关，财用急，必待江淮转饷乃足。饷道由汉沔，则襄阳乃今天下喉襟，一日不守，大事去矣。……洧乃按甲不出，亦会禄山死，贼解去。"这次威胁所以能够解除，由于鲁灵在南阳死守，见《旧唐书》卷一一四，《新唐书》卷一四七本传。

[注一二]　《唐会要》卷八七，《旧唐书》卷四九《食货志》。又参考《旧唐书》卷一二三，《新唐书》卷一四九《刘晏传》，《册府元龟》卷四九八。

[注一三]　参考《新唐书》卷一九二《张巡传》。

[注一四]　《旧唐书》卷一二三《刘晏传》，《册府元龟》卷四九八，《全唐文》卷三七〇刘晏《遗元载书》。又参考《新唐书》卷一四九《刘晏传》，《唐会要》卷八七。

[注一五]　同上。

[注一六]　《新唐书》卷一三七《郭子仪传》略同。

[注一七]　《旧唐书》卷四九《食货志》，《唐会要》卷八七云："广德二年……晏以检校户部尚书为河南及江淮以来转运使，及与河南副元帅计会开决汴河。"又《通鉴》卷二二三载广德二年"三月己酉，以太子宾客刘晏为河南江淮以来转运使，议开汴水。……庚戌，又命晏与诸道节度使均节赋役，听从便宜行毕以闻。……晏乃疏浚汴水。……"

[注一八]　《旧唐书》卷四九《食货志》。又《新唐书》卷五三《食货志》亦说："晏即监利雇佣，分吏督之。"

[注一九]　《新唐书》卷一四九《刘晏传》。

[注二〇]　《通鉴》卷二二六亦云："晏以为江、汴、河、渭，水力不同，……江船达扬州；汴船达河阴；河船达渭口；渭船达太仓。其间缘水置仓，转相受给。"

[注二一]　《通鉴》卷二二六。
[注二二]　《新唐书》卷五三《食货志》。
[注二三]　《通鉴》卷二二六。又《唐语林》卷一，苏轼《东坡文集》卷三一《论纲稍欠折利害状》亦有相似的记载，可以参考。
[注二四]　《新唐书》卷五三《食货志》。按麻枲是不结实的大麻，又名牡麻；篆是细竹。
[注二五]　以上均据《新唐书》卷五三《食货志》。
[注二六]　《新唐书》卷一四九《刘晏传》。
[注二七]　《唐会要》卷八七同，《册府元龟》卷四九八略同。
[注二八]　《通鉴》卷二三四贞元八年条节取此文。
[注二九]　《旧唐书》卷一一四《周智光传》。《新唐书》卷二二四上本传略同。又《通鉴》卷二二四大历元年条亦说周智光"擅留关中所漕米二万斛。藩镇所献，往往杀其使者而夺之"。
[注三〇]　见《旧唐书》卷一三四《马燧传》。《册府元龟》卷三五九略同。又《陆宣公翰苑集》卷二〇《议汴州逐刘士宁事状》亦说田神玉死，李灵曜反时，"转轮所经，涂路亟阻"。
[注三一]　见《旧唐书》卷一二〇《郭子仪传》。《通鉴》卷二二七建中二年六月辛丑条，《册府元龟》卷三九三，及《全唐文》卷六一六裴垍《郭子仪传论》略同。
[注三二]　《旧唐书》卷一一四《周智光传》，卷一三四《马燧传》，卷一《代宗纪》，及《册府元龟》卷三九三。
[注三三]　参考《通鉴》卷二二五大历十二年条，卷二二六建中二年条。
[注三四]　《旧唐书》卷一二四《李正己传》略同。
[注三五]　《新唐书》卷一七〇《张万福传》，《册府元龟》卷三九三略同。
[注三六]　《新唐书》卷二一四《刘玄佐传》，《册府元龟》卷三五九及三八五略同。按李洧的归顺，事在建中二年十月，参考《旧唐书》卷一二德宗纪，《通鉴》卷二二七建中二年十月条。
[注三七]　参考《全唐文》卷六〇宪宗《录李侑（按当作洧）等子孙诏》。
[注三八]　参考《旧唐书》卷一二《德宗纪》，《通鉴》卷二二七。
[注三九]　同上。
[注四〇]　《旧唐书》卷一二《德宗纪》，《新唐书》卷二二五中《李希烈传》。
[注四一]　《旧唐书》卷一二《德宗纪》，卷一二七《姚令言传》。

[注四二] 《旧唐书》卷一三三《李晟传》，《通鉴》卷二三〇与元元年二月条。又参考陈寅恪先生《论李怀光之叛》（《清华学报》第十二卷第四期）。
[注四三] 《旧唐书》卷一二《德宗纪》，卷一三三《李晟传》，《通鉴》卷二三。
[注四四] 《新唐书》卷一四九《王绍传》略同。
[注四五] 《新唐书》卷一二六《韩滉传》略同，但末句作："漕路无梗，完靖东南，滉功多。"
[注四六] 《唐大诏令集》卷五九，《文苑英华》卷四五一略同。按汴州的克复，事在兴元元年十一月，参考《旧唐书》卷一二《德宗纪》。
[注四七] 按李纳时已被赦，在表面上与中央政府维持友好关系。参考《旧唐书》卷一二《德宗纪》，卷一二四（《新唐书》卷二一三）《李正己传附纳传》。
[注四八] 按三门北的车道，自裴耀卿开凿来运输之后，到了贞元初年，李泌又重新开凿来陆运，以避底柱之险。《通鉴》卷二三二云："陕州水陆运使李泌奏：自集津至三门凿山开道十八里，以避底柱之险。是月（贞元二年二月）道成。"又《太平广记》卷三八李泌条引《邺侯外传》说他"又开三门，陆运十八里。漕米无底柱之患，大济京师"。又《新唐书》卷一三九《李泌传》云："泌始凿山开车道至三门，以便馈漕。"

[注四九]　《册府元龟》卷四八五略同。

[注五〇]　"抗"字原误作"映"。按齐映一生从未主管漕运，当是齐抗之误。参考《旧唐书》卷一三六，《新唐书》卷一五〇《齐映传》。

[注五一]　《新唐书》卷一二八《齐澣传附抗传》略同。

[注五二]　《旧唐书》卷一四五，《新唐书》卷二一四《刘玄佐传》。

[注五三]　在贞元年间，徐州虽然因为统治得人，没有发生兵乱，其后到了长庆二年（822）三月，军队也是一样的叛变，从而在埇桥劫掠江淮经运河北上的物资。及唐末，庞勋和时溥的军队更是先后以徐州为中心据点来断绝运河的交通，最后终于把大唐帝国的命脉断送了去。关于此点，详见第六章，兹不赘。

[注五四]　按董晋死于贞元十五年二月（参考《旧唐书》卷一三《德宗纪》，《通鉴》卷二三五，及下引《董公行状》），"四"字当是"五"字之误。

[注五五]　参考王鸣盛《十七史商榷》卷七三《宣武帅李董刘韩事条》。

[注五六]　《新唐书》卷二一四《刘玄佐传》略同。

[注五七]　《旧唐书》卷一四六《于𬱟传》略同。

[注五八]　《旧唐书》卷一一《代宗纪》，卷一九六（《新唐书》卷二一六）《吐蕃传》。

[注五九]　《通鉴》卷二二〇，《旧唐书》卷一一《代宗纪》，卷一九五《回纥传》，《新唐书》卷二一七《回鹘传》。

[注六〇]　《旧唐书》卷一二《郭子仪传》。

第五章

大唐帝国的中兴与运河

上述安史乱后大唐帝国日渐衰微的势运，到宪宗元和年间（806—820年）又有了转机。宪宗在即位以后，于元和"元年，平夏州（在今陕西横山县西）。二年，平蜀斩（刘）辟。三年，平江东斩（李）锜，……五年，擒史宪诚，得泽（今山西晋城县）、潞（今山西长治县）、邢（今河北邢台县）。七年，田弘正以魏博六州来受常贡。十二年，平淮西，斩（吴）元济。十三年，王承宗献德（今山东陵县治）棣（在今山东惠民县南十里），入租税，沧（在今河北沧县东南四十里）景（在今河北景县东北四十里）除吏。十四年，平淄青，斩（李）师道，得十二州"[注一]。总之，自安史乱后专门打击中央政权的藩镇及军人，宪宗都以武力及其他手段来一一征服，使之顺从中央的政令。这样一来，中央政权日趋巩固的结果，大唐帝国自安史乱后日渐衰微的势运遂复振兴，故史家称宪宗为中兴之主。

关于宪宗中兴的业绩，《旧唐书》卷一五《宪宗纪》云：

> 史臣蒋係曰：宪宗嗣位之初，读列圣实录，见贞观开元故事，竦慕不能释卷。顾谓宰相曰："太宗之创业如此，玄宗之致理如此。既览国史，乃知万倍不如先圣！……"……自贞元十年已后，朝廷威福日削，方镇权重。……讫于元和，……中外咸理，纪律再张。果能剪削乱阶，诛除群盗。睿谋英断，近古罕俦。唐室中兴，章武（宪宗）而已。

又同书卷一六《穆宗纪》云：

> 史臣曰：……昔章武皇帝痛国命之不行，惜朝纲之将坠，乃求贤俊，总揽英雄，果能扼大盗之喉，制奸臣之命。五十载已终之土，复入提封；百万户受弊之甿，重苏景化。元和之政，几致升平。

现在我们要问：安史乱后日渐衰微的大唐帝国，为什么到了宪宗时代又复中兴起来？关于此点，原因固然有种种的不同，但运河之复能充分发挥联系南北的作用，却是一个主要的因素。

宪宗时代运河所以复能充分发挥它的作用，主要由于跋扈军人对于运河航运阻扰的停止。上述贞元年间常常阻扰运河航运的汴州军乱，自贞元十六年韩弘在那里坐镇，大诛乱兵后，即告停止。自此时起，直至元和年间，位于南北交通要冲的汴州，既然不像过去那样时常发生兵乱，运河自可因畅通无阻而重新把军事政治重心的北方和经济重心的南方密切连系起来。

为着要制止足以阻扰运河航运的汴州军乱，政府于贞元十五年八月任命韩弘为汴州刺史，宣武军节度使。[注二]他视事数月之后，便整顿军纪，把乱兵党羽大量斩杀。自此以后，在他坐镇的二十一年内，汴州绝无兵乱。《通鉴》卷二三五云：

宣武军自刘玄佐薨，凡五作乱。士卒益骄纵，轻其主帅。韩弘视事数月，皆知其主名。有郎将刘锷，常为唱首。（贞元十六年）三月，弘陈兵牙门，召锷及其党三百人，数之以数预于乱，自以为功，悉斩之，血流丹道。自是至弘入朝（胡注：宪宗元和十四年，韩弘入朝），二十一年，士卒无一人敢欢呼于城郭者。

又《旧唐书》卷一五六《韩弘传》云：

汴州自刘士宁之后，军益骄恣。及陆长源遇害，颇轻主帅。其为乱魁党数十百人，弘视事数月，皆知其人。有部将刘锷者，凶卒之魁也。弘欲大振威望，一日引短兵于衙门，召锷与其党三百，数其罪，尽斩之以徇，血流道中。……自是迄弘入朝，二十余年，军众十万，无敢怙乱者。[注三]

韩弘坐镇汴州对于运河航运安全的贡献，政府也很知道。宪宗《与韩弘诏》（《白氏长庆集》卷四〇）云：

敕韩弘：任光辅至，省所陈请，具悉。卿文武全略，邦家重臣，自居大藩，厥有成绩。辑宁百姓，严整三军，使予无忧，惟尔之力！省兹章奏，恳愿朝宗，诚嘉深衷，难遂勤请。朕以梁宋之地，水陆要冲，运路咽喉，王室藩屏，人疲易散，非卿之惠不能安，师众难和，非卿之威不能戢。今众方悦附，人又知归，镇抚之间，事难暂辍。虽恋深双阙，积十年而颇劳，然倚为长城，舍一日而不可。勉卿忠力，布朕腹心。宜体所怀，即断来表。

为着要加强运河对于南北的连系，政府除消极地制止汴州兵乱外，又积极地整顿江淮各地的财赋，以便每年由运河向北输送的物资能有大量的增加。负责整理江淮财赋的人是程异。由于诸道盐铁转运使王播的推荐，他亲到江淮诸道，取得各地方长官的合作，结果搜括到不少的财赋，以应付政府因征讨藩镇而激增的巨额经费的开支。

因为要征讨藩镇，收复失地，宪宗早就蓄积财赋，以应付随战争规模的扩大而引起的巨额军费的支出。《通鉴》卷二三八载元和五年(810年)十二月：

> 己丑，以(李)绛为中书舍人，学士如故。绛尝从容谏上聚财。上曰："今两河数十州，皆国家政令所不及。河湟数千里，沦于左衽。朕日夜思雪祖宗之耻，而财力不赡，故不得不蓄聚耳。……"

当日政府蓄聚的财赋，主要来自江淮各地。程异被任为盐铁转运副使，充当王播的助手后，便亲自到江淮各地来整理地方财政，以增加政府的收入。《新唐书》卷一六七《王播传》云：

进刑部尚书，领诸道盐铁转运使。……帝讨淮西也，切于馈饷，播引程异自副。异尤通万货盈虚，使驰传江淮，裒财用以给军兴，兵得无乏。[注四]

又《册府元龟》卷四八四云：

（元和）十二年正月甲申，盐铁转运使王播奏，"伏以军兴之时，在系财赋；国用之本，出于江淮。顷者刘晏掌领盐铁租庸，每自巡按，至于钱穀利病，州县否臧，随以上闻，使得釐革。臣缘在城务重，不获躬行。伏望遣臣副使程异，特以诏命，出巡江淮。其诸州府上供钱米，如妄託水旱，辄有破除，伏请委程异一切勘责闻奏。其度支户部并当司合送上都行营钱物，并令急切催促。其远年逋欠，亦委具可征之数闻奏。"从之，因令异与淮南、浙东、宣歙、江西、河南、岭南、桂管、福建等道观察使计会，各减尝用，去浮费，取其羡助军。

按程异过去曾经改革过江淮赋税的流弊，如今奉诏出巡整顿，当得到各地方长官的合作后，成绩自然很好。《旧唐书》卷一三五《程异传》云：

累检校兵部郎中，淮南等五道两税使。……江淮钱谷之弊，多所铲革。入为太府少卿，太卿，转卫尉卿，兼御史中丞，充盐铁转运副使。时淮西用

兵,国用不足,异使江表以调征赋,且讽有土者以饶羡入贡。至则不剥下,不浚财,经费以饶,人颇便之。[注五]

又《册府元龟》卷四八五云:

李鄘宪宗时为淮南节度使。元和十一年,以军兴,进绢三万匹,金五百两,银三千两,以助军。十二年,又进助军绢三万。时朝廷以兵兴国用不足,命盐铁副使程异乘驿谕江淮诸道,俾助军。鄘以境内富贵(《旧唐书》作实),乃大籍府库,一年所蓄之外,咸贡于朝。诸道以鄘为倡首,悉索以献。自是王师无匮乏之忧。[注六]

又元和十二年,(程异)至自江南,得供军钱一百八十五万贯以进。[注七]

又《旧唐书》卷一六二《李翛传》云:

时宿师于野,馈运不集。浙西重镇,号为殷阜。乃以翛为润州刺史,浙西观察使,令设法鸠聚财货。淮西用兵,颇赖其赋。

又同书卷一六二《王遂传》云:

用兵淮西,天子藉钱谷吏以集财赋,知遂强干,乃用为宣州刺史,宣歙观察使。……及郓贼诛,遂进羡余一百万。上以为能。[注八]

这些在江淮各地搜括到的大量的财赋，除一部分由淮入颍运往郾城（今河南郾城县南），以供应征讨淮西的军队[注九]外，大部分均由运河向北输送，集中于河阴，以便各地军费开支之用。为着要援救正在被中央军队围攻的淮西吴元济，河北山东的藩镇王承宗李师道曾于元和十年（815年）秘密派人前往焚烧河阴转运院的仓库。可见在河阴集中的江淮财赋，实是当日政府征讨藩镇的一大动力。幸而这次被焚烧的钱米布帛，数量虽然不少，事实上只是在那里集中的江淮物资的一小部分；因为程异在江淮各地搜括到的财赋，是在这次放火之后（元和十二年）才运往的。

由运河北运而集中于河阴的物资，在元和年间曾大量地用来供应征讨淮西和淄青的军队。元稹《元氏长庆集》卷五七《唐故朝议郎侍御史内供奉盐铁转运河阴留后河南元君墓志铭》云：

> 留务河阴，加侍御史，赐绯鱼袋。元和十四年，以疾去职。……其在河阴也，朝廷有事于淄蔡，累百万之费一出于是。朝令朝具，夕发夕至者，周五星岁而后功成役罢。凡主供馈之百一于君者，皆以课迁。唯君终不言赏，赏亦不及。

河阴在当日征讨藩镇的军队的给养上所处地位既然这样重要，与淮西藩镇互相勾结的王承宗及李师道，便在政府讨伐吴元济的时候，派人潜往河阴，于黑夜中暴动，大规模地纵火焚烧贮藏在那里的仓库中的物资。《新唐书》卷二一《王武俊传附承宗传》云：

> 及吴元济反，承宗与李师道上书请宥，教其将尹少卿为蔡游说。见宰相语不逊，武元衡怒叱遣之。承宗怨甚，与师道谋，遣恶少年数十曹伏河阴，乘昏射吏；吏奔溃，因火漕院。人趣火所，斗死者十余辈。县大发民捕盗，亡去不获。凡败钱三十万缗，粟数万斛。[注一〇]

又同书卷二一三《李师道传》云：

> 帝（宪宗）讨蔡，诏兴诸道兵而不及郓。师道选卒二千抵寿春，扬言为王师助，实欲援蔡也。亡命少年为师道计曰："河阴者，江淮委输。……请烧河阴敖库，……即朝廷救腹心疾。此解蔡一奇也。"师道乃遣客烧河阴漕院钱三十万缗，米数万斛，仓百余区。[注一一]

又《旧唐书》卷一五《宪宗纪》载元和十年三月：

> 辛亥，盗焚河阴转运院，凡烧钱帛二十万贯匹，米二万四千八百石，仓室五十五间。防院兵五百人营于县南，盗火发而不救，吕元膺召其将杀之。自盗火发，河阴人情骇扰。

又同书卷一四五《吴少诚传附元济传》云：

元济遣人求援于镇州王承宗，淄郓李师道。二帅上表于朝廷，请赦元济之罪。朝旨不从。……承宗师道遣盗烧河阴仓。

又《通鉴》卷二三九云：

吴元济遣使求救于恒郓。王承宗、李师道数上表请赦元济。……师道素养刺客奸人数十人，厚资给之。其徒说师道曰："用兵所急，莫先粮储。今河阴院积江淮租赋，请潜往焚之。……此亦救蔡一奇也。"师道从之。自是所在盗贼窃发。（元和十年三月）辛亥暮，盗数十人攻河阴转运院，杀伤十余人，烧钱帛三十余缗匹，谷二万余斛。于是人情恇惧，君臣多请罢兵。上不许。

又《唐大诏令集》卷一二〇（《全唐文》卷六二）《令百僚议征李师道敕》云：

李师道潜包祸心，伪布诚恳，缘自淮西用兵以后，衅蚌屡彰，屡有疏陈，请舍凶逆。……又使其徒烧劫河阴仓库，沮国大计。……凡此罪名，皆当不赦。

又同书卷一二〇（《全唐文》卷六一）《讨李师道诏》云：

顷属问罪蔡土，征师合围，助彼寇雠，敢为影响，阴通信使，密致帛书，屡抗表章，请舍元恶。

所图不轨，事非一端。遂致……焚劫内库，扰动河阴。皆深挠军旅之深机，阻邦国之大计。

按自裴耀卿及刘晏等先后改革漕运，实行分段运输办法后，河阴因位于运河与黄河的交叉点，遂成为江淮北运物资的吞吐口岸。在贞元八年（792年），那里的堆栈贮藏着百多万石的米。[注一二]及贞元十五年（799年），因汴州兵乱频繁，转运财货常受损失，政府又把转运汴州院移往河阴。[注一三]河阴的堆栈既因江淮物资到达的增加而不够用，政府遂于"元和三年四月，增置河阴仓屋一百五十间"[注一四]。由江淮经运河运到那里的物资，除转运往长安，及用作征讨藩镇的军队的给养外，政府又用来赏赐给拥护中央的藩镇，以便巩固中央的政权。如《唐大诏令集》卷一一七（《文苑英华》卷四三四）宪宗《宣慰魏博诏》云：

宜令司封郎中知制诰裴度往魏博宣慰，亲谕朕意。仍赐钱一百五十万贯，以河阴院诸道合进内库绫、绢、绵（《文苑英华》作绳）等支送充，赏给将士及六州县百姓。[注一五]

集中于河阴转运院的江淮物资，既然与政府威望的提高发生这样密切的关系，想要打到中央政权的藩镇自然要设法加以破坏了。河阴大火后，"人情恇惧，君臣多请罢兵"，可见其影响之大。幸而这次被大火焚毁的米，才占贞元八年贮藏量的一小部分，而程异又跟着在江淮搜括到巨额的财赋，故河阴转运院的财力仍然非常雄厚，足以影响到政府征讨淮西及淄青等藩镇的战事的胜利。

元和年间运河对于南北的密切连系，一方面固然对政府征伐藩镇的成功发生决定性的作用，他方面又使安史之乱以来关中屡次发生恐慌的粮食问题得到解决。如上述，运河航运既然跟着汴州兵乱的停止而畅通无阻，江淮的米自可因此而大量运往关中，以满足中枢的需要。因此，自建中元年（780年）刘晏死后久已减低的运米额，到了元和年间，先后由于转运使李巽和王播的努力，又复大为增加，从而关中的粮食问题遂告完满解决。

关于李巽运米的成绩，《旧唐书》卷四九《食货志》云：

> 旧制每岁运江淮米五十万斛至河阴，留十万，四十万送渭仓。晏殁，久不登其数。惟巽掌使三载，无升斗之缺焉。[注一六]

复次，关于王播运米的成绩，《文苑英华》卷八八八《全唐文》卷七一李宗闵《王公（播）神道碑》云：

> 公前后三总盐铁（转运），……疏三门，挽沈石，以济巨舰，关中遂忘其饥。

综括上述，我们可知宪宗时代，一方面由于运河的畅通无阻，他方面由于江淮诸道地方财政的整顿，运河对于军事政治重心的北方和经济重心的南方的连系，又由过去的松懈变为密切。运河既然重新把军事政治重心和经济重心密切连系起来，大唐帝国自可再凝结为坚强牢固的整体，产生出雄壮伟大的力量。因此，宪宗能从安史之乱以来衰微不振的国运中创造出中兴的局面，绝对不是一件偶然的事。

● 注释

[注一]　李翱《李文公集》卷一〇《百官行奏状》。参考《旧唐书》卷一四至一五《宪宗纪》。
[注二]　《旧唐书》卷一三《德宗纪》。
[注三]　《旧唐书》卷一五八《韩弘传》略同。

[注四]　参考《旧唐书》卷一六四《王播传》。
[注五]　《新唐书》卷一六八《程异传》略同。
[注六]　《旧唐书》卷一五七，《新唐书》卷一四六《李鄘传》略同。
[注七]　《通鉴》卷二四〇元和十二年闰五月己亥条略同。
[注八]　《新唐书》卷一一六《王遂传》略同。
[注九]　《旧唐书》卷一五《宪宗纪》载元和十一年十二月甲寅，"初置淮颖水运使。运扬子院米，自淮阴泝流之寿州（今安徽寿县治）四千里，入颖口；又泝流至颖州（今安徽阜阳县治）沈丘（在今河南沈丘县东南三十里）界五百里，至于项城（今河南项城县东北）；又泝流五百里，入溵河；又三百里输于郾城。得米五十万石，菱一千五百万束，省汴运七万六千贯。"又参考《通鉴》卷二三九元和十一年十二月甲寅条。
[注一〇]　参考《旧唐书》卷一四二《王武俊传附承宗传》。
[注一一]　参考《旧唐书》卷一二四《李正己传附师道传》。
[注一二]　参考上章引《陆宣公翰苑集》卷一八《请减京东水运收脚价于沿边州镇储蓄军粮事宜状》。
[注一三]　参考上章引《唐会要》卷八七。
[注一四]　《唐会要》卷八七。
[注一五]　事在元和七年，参考《旧唐书》卷一七《裴度传》。
[注一六]　《唐会要》卷八七同；《册府元龟》卷四九八，《旧唐书》卷一二三《李巽传》略同。按李巽之任转运使，始于元和元年三月，见《旧唐书》卷一四《宪宗纪》。

第六章

大唐帝国的崩溃与运河

宪宗元和年间(806—820年)以后，运河对于南北的连系又渐渐由密切变为松懈，其后更完全失却它的作用。在唐末运河不能把军事政治重心与经济重心连系起来的形势下，大唐帝国遂跟着本身力量的丧失而整个崩溃下来。

宪宗死，穆宗立，穆宗长庆二年(822年)，久已停止的汴州军乱又再死灰复燃；[注一]在过去不像汴州那样常常叛变的徐州军队，也在王智兴的领导下，驱逐节度使崔群，住埇桥劫掠由运河向北输送的江淮物资。[注二]其后，自文宗大和(827—836年)至宣宗大中年间(847—860年)，"重臣领(转运)使者，岁漕江淮米不过四十万石，能至渭河仓者，十不三四。漕吏狡蠹，败溺百端。官舟沈溺者，岁七十余只。缘河奸吏，大紊刘晏之法"[注三]。总之，自长庆至大中年间，初时由于跋扈军人的阻扰，后来由于漕运人员的营私舞弊，运河每年的运输量又复锐减，从而不能充分发挥它的连系南北的作用。

可是，这不过是运河运输能力降低的开始，其后到了懿宗咸通年间(860—874年)，一方面由于庞勋的切断运路，他方面由于漕舟的脆薄易坏，运河运输的效能更为锐减。在咸通时，因为南诏入侵西南边境，政府派遣徐州军队前往防御。这些军队因长期戍守，六年不得代，在庞勋的领导下，愤而在桂林作乱，自湘水入长江，下掠淮南，而返抵他们的老巢徐州。[注四]他们既然据有足以控制运河交通线的徐州，便派兵攻陷南北交通要冲的都梁城，使江淮物资不能由运河北运。其后庞勋之乱虽告削平，漕运船只又因制造费用的扣减而脆薄易坏，故运河虽然重新打通，也因缺乏坚固耐用的运输工具而不能把南北密切连系起来。

关于庞勋的切断运路，《通鉴》卷二五一载咸通九年：

> 十二月甲子，李湘等引兵出战大败，贼遂陷都梁城（胡注：都梁城在泗州盱眙县北都梁山），执湘及郭厚本送徐州，据淮口，漕驿路绝（胡注：谓东南漕驿入上都之路绝也）。……时汴路既绝，……

按都梁山在今安徽盱眙县东南五十里，在当时控制着运河和淮河，是南北交通的枢纽。沈亚之《沈下贤集》卷五（《全唐文》卷七三六）《淮南都梁山仓记》云：

> 汴水别河而东合于淮，淮水东米帛之输关中者也。由此会入，其所交贩往来，大贾豪商，故物多游利，盐铁之臣亦署致其间。

故此地被庞勋攻下后，运河的交通便完全断绝。

复次，关于漕运船只的制造，自刘晏以来优给费用的办法[注五]，到了咸通年间又复废弃，以致造船者的生活大受影响，从而所造的船脆薄易坏，不堪航运之用。

《通鉴》卷二二六建中元年七月条云：

> 及咸通中，有司计费而给之，无复羡余，船益脆薄易坏，漕运遂废矣。

又《东坡文集》卷三一《论纲梢欠折利害状》云：

> 至咸通末，有杜侍御者，始以一千石船分造五百石船二只，船始败坏。而吴尧卿者，为扬子院官，始勘会每船合用物料实数，估给其钱，无复宽剩。专知官十家即时冻馁，而船场遂破，馈运不断。[注六]

当日运河既然没有把江淮物资输送到北方去，沿途各地的仓库便空虚起来。司空图《司空表圣文集》卷二《太原王公同州修堰记》云：

> 时（咸通间）国家兵役屡兴，漕輓已绝，故自淮汴至于河潼之交，百敖皆刳，人无所仰。

懿宗死，僖宗（874—888年）立。僖宗乾符二年（875年）五月，濮州（在今山东濮县东二十里）人王仙芝聚众作乱。其后，黄巢应之。他们自山东河南间南下，到处焚杀劫掠，直至广州，然后北返，于广明元年（881年）十二月攻陷长安。[注七] 由于这一大群寇贼的侵扰，"江右海（《唐大诏令集》作淮）南，疮痍既甚；湖、湘、荆、汉，耕织屡空。……东南州府遭贼之处，农桑失业，耕种不时，就中广州、荆南、湖南，盗贼留驻，人户逃亡，伤夷最甚"[注八]。其后，再经毕师铎、秦彦、孙儒及杨行密等军阀的混战，以"富庶甲天下"的扬州为中心的"江淮之间，东西千里，扫地尽矣"[注九]。总之，自僖宗以后，中央政权赖以支持的江淮财富，在寇贼与军阀的兵火交织之下，大部分都陷于毁灭的命运。这样一来，就是运河能够畅通无阻，每年能供它输送的江淮物资，也是有限得很了，何况事实上运河本身也是同样的多灾多难呢？

现在让我们看看当日寇贼与军阀混战声中运河的景况。王仙芝及黄巢作乱不久，即以兵围攻宋州，以断绝运河的交通线。其后宋州虽告解围，但到了黄巢占有长安的时候，在徐州割据的时溥又南攻运河与淮河交叉点的泗州，以致运河航运又复阻绝。再往后，当黄巢之乱平服，僖宗返抵长安的时候，藩镇在各地割据之势已成，运河再也不能把南北连系起来了。

关于宋州之围，《平巢事迹考》(宋撰人佚)云：

（乾符）四年二月，仙芝陷鄂州，巢陷郓州。七月，兵围宋威于宋州。将军张自勉将忠武兵七千救之，杀贼二千余人。贼解围遁去。……郑畋……上奏曰："自王仙芝傲扰，崔安潜(忠武节度使)……以兵授张自勉，解宋州围，使江淮漕运流通，不输寇手。……"[注一〇]。

复次，泗州位于运河与淮河的交叉点上，是江淮物资向北输送必经之地，《白氏长庆集》卷三四《柳经李褒并泗州判官制》云：

濒淮列城，泗州为要，控转输之路，屯式遏之师。

又《文苑英华》卷八〇九李磎《泗州重修鼓角楼记》云：

泗城据汴淮奔会处，汴迅以射，淮广而吞，拧势雄重，翕张气象。……虽商贩四冲，舣击拖交，而气不衰杂。

此地本属高骈的势力范围，为着扩张地盘，时溥却由徐州派兵南攻，以致阻绝南北运输之路，崔致远《桂苑笔耕集》卷一一《告报诸道征促纲运书》(代高骈作)云：

某昨从中夏，再集大军，不惭素饱之名，已警无哗之众，仍差都押衙韩汶先赍金帛百万匹，救接都统令公军前。既装运船，将扣飞楫，言遵汴道，径指囷田(在今河南中牟县东)。乃值徐戎，来侵淮口，把断河路，攻围郡城(泗州)。近者又拥凶徒，直冲近境，敢凭蜩结，欲恣鲸吞。当道既见阻难，暂须停住。

又同书同卷《答徐州时溥书》云：

朝廷以足下身处雄城，刃多余地，委催纲运，冀济权宜。但自戢敛兵车，必得流通馈辇。今则却云：奉朝廷意旨，收徐泗封疆，广出师徒，难穷事意。……更侵泗境，来犯淮壖，负国家之宠荣，构州县之患害。幸其贼势，阻此师期。未谕雅怀，何辜圣奖！

按政府委时溥催遣纲运，事在中和二年（882）正月。《通鉴》卷二五四云：

（中和）二年春正月……辛未，以时溥为催遣纲运租赋防遏使(胡注：纲运自江淮来者，皆由徐州巡内，故以溥任此职)。

可是事实上时溥反而阻碍运河的交通！

其后，当长安收复，僖宗自蜀北返的时候，因藩镇分据各地，自擅兵赋，运河更无从发挥它的作用。《旧唐书》卷一九下《僖宗纪》云：

（光启元年三月）丁卯，车驾至京师。……时李昌符据凤翔，王重荣据蒲陕，诸葛爽据河阳洛阳，孟方立据邢洺，李克用据太原上党，朱全忠据汴滑，秦宗权据许蔡，时溥据徐泗，朱瑄据郓、齐、曹、濮，王敬武据淄青，高骈据淮南八州，秦彦据宣歙，刘汉宏据浙东，皆自擅兵赋，迭相吞噬，朝廷不能制。江淮转运路绝，两河、江、淮赋不上供，但岁时献奉而已。国命所能制者，河西、山南、剑南、岭南西道数十州。大约郡将自擅，常赋殆绝，藩侯

废置，不自朝廷，王业于是荡然！[注一一]

在上述割据称雄的藩镇中，控制着运河与长江交流点的高骈，自中和二年起即已断绝贡赋。《通鉴》卷二五五载中和二年五月：

> 加淮南节度使高骈兼侍中，罢其盐铁转运使。骈既失兵柄（胡注：是年春罢都统），又解利权，攘袂大诟。……骈臣节既亏，自是贡赋遂绝。[注一二]

他底下的干部吕用之也常常扣留纲运。同书卷二五四中和二年四月条云：

> （吕）用之侍妾百余人，自奉奢靡，用度不足，辄留三司纲输其家（胡注：三司纲谓户部度支盐铁所发纲运输朝廷者）。

高骈以后，跟着在淮南割据的杨行密因和把持中央的朱温冲突，也邀截贡赋。《全唐文》卷八四二封舜卿《进越王钱镠为吴王竹册文》云：

> 维天祐三年（906—907年）……近则淮夷（杨行密）作孽，伧侩无君，抗拒王师，邀截贡赋，窃据州邑，断绝梯航。

此外，在汴州割据的朱温，既然存心要夺取政权，自然不让绝无仅有的南方贡赋由运河平安向北输送了。《新唐书》卷一八九《田頵传》云：

> （田頵）因移书曰："侯王守方，以奉天子，譬百川

不朝于海,虽狂奔澶漫,终为涸土,不若顺流无穷也。东南扬为大,刀布金玉积如阜。愿公上天子常赋,頵请悉储峙单车以从。"(杨)行密答曰:"贡赋繇汴而达,适足资敌尔!"[注一三]

又同书卷一九〇《杜洪传》云:

> 光启二年(886—887年)……洪乘虚入鄂,自为节度留后。僖宗即拜本军节度使。……洪虽得节制,而附朱全忠,绝东南贡路。

唐末在各地割据的藩镇,不独切断运河的运输线,以打击仰给于江淮财赋的中央政权,同时又因互相争夺地盘,以致破坏运河的水路。当日以汴州为根据地的朱温,因为要想取得江淮财赋,便屡次派兵南侵淮南,以打通运河,直达长江。可是,由于杨行密在淮南的防御,他每次用兵都没有什么成绩。[注一四]昭宗乾宁四年(897年)十一月清口(在今江苏淮阴县西南)之役,更对淮汴两方的均势发生决定性的作用。这时由庞师古葛从周统率的汴军,驻于清口,因地势低下,为淮军自上流决堰纵水来攻,结果汴军大败,"行密由是遂保据江淮之间,全忠不能与之争"[注一五]。淮军在这次战役中既因水攻而获胜利,此后遂让运河溃决,变为污泽,以消弭敌人南下来打通运河的野心。这样一来,在过去二百多年把军事政治重心和经济重心连系起来的大动脉，此后便长期丧失它的作用了。

关于清口之战，《旧五代史》卷一三四《杨行密传》云：

> （乾宁四年）八月，梁祖遣葛从周领步骑万人自霍邱渡淮，遣庞师古率大军营于清口。淮人决堰纵水，流潦大至。又令朱瑾率劲兵以袭汴军。汴军大败，师古死之。

自此以后，运河自埇桥东南遂溃决而为污泽，从而不能用来航运。《宋史》卷二五二《武行德传》云：

> 先是唐末杨氏据淮甸，自埇桥东南决汴，汇为污泽。

又《通鉴》卷二九二显德二年十一月乙未条云：

> 汴水自唐末溃决，自埇桥东南，悉为污泽。

又《十国春秋》卷一《吴太祖世家》云：

> 都知兵马使徐温曰："运路久梗，葭苇堙塞。……"

唐末运河交通阻绝的情形，已如上述。现在我们再进一步来考察当日中央政权因此而受到的影响。向来专靠江淮财赋来支撑的中央政府，既然因运河交通线的切断而得不到江淮物资的大量供应，自然要大受打击；因为这样一来，政府开支的经费便无法筹措，甚至连卫国的战士也得不到衣粮的供应了。存在了二百多年的大唐帝国，就是在这种情形下崩溃的。

在咸通年间，由于漕运的不继，关中已经农饥卒怠。《司空表圣文集》卷二《太原王公同州修堰记》云：

> 时（咸通间）国家兵役屡兴，漕輓已绝，……农饥卒怠，何以振其威力哉？

其后到了乾符二年，关中仓库的存米已不够开支之用。《唐大诏令集》卷七二（《全唐文》卷八九）《乾符二年南郊赦》云：

> 江淮运米，本实关中。只缘徐州用军，发遣全无次第，运脚价妄被占射，遂使仓库渐虚，支备有阙。

再往后，到了光启年间（885－888年），政府对于军政各费的筹措，更是大感困难。《通鉴》卷二五六光启元年闰三月条云：

> 初田令孜在蜀募新军五十四都，每都千人，分隶两神策，为十军以统之。又南牙北司官共万余员。是

时藩镇各专租税。河南北、江、淮无复上供，三司转运无调发之所。度支惟收京畿、同、华、凤翔等数州租税，不能赡。赏赉不时，士卒有怨言。令孜患之，不知所出。[注一六]

又《唐大诏令集》卷八六（《全唐文》卷八九）光启三年七月德音云：

左右神策军及沿边诸镇将士，或堤防藩徼，或控扼封疆，……自乱离以来，衣粮多缺。顾兹疲弊，深轸朕怀。盖缘诸道赋税未来，致使如此。宜委度支户部及盐铁使，各委官吏，催促江淮及三州（《全唐文》作川）上供钱物，充给两军及边镇将士衣赐。

自此以后，"王业于是荡然"[注一七]，以至于亡。

唐亡时，朱温虽然篡夺了帝位，可是，由于他的打通运河计划的失败，运河不能重新把军事政治重心和经济重心连系起来，故他所建立的后梁，国势并不强盛。此后的后唐、后晋和后汉，亦复如此。

● 注释

[注一] 《旧唐书》卷一六《穆宗纪》，《通鉴》卷二四二长庆二年七月条。

[注二] 《通鉴》卷二四二长庆二年三月条云："武宁节度副使王智兴将军中精兵三千讨幽镇，节度使崔群忌之，奏请即用智兴为节度使，不则召诣阙，除以他官。事未报，智兴亦自疑。会有诏赦王庭凑，诸道皆罢兵，智兴引兵先期入境。群惧，遣使迎劳，且使军士释甲而入。智兴不从。己巳，引兵直进。徐人开门待之。智兴杀不同己者十余人，乃入府牙，见群及监军拜伏曰：'军众之情不可，如何？'为群及判官从吏具人马及治装，皆素所办也。遣兵卫从群至埇桥而返，遂掠盐铁院钱帛，及诸道进奉在汴中者，并商旅之物皆三分取二。"又参考《旧唐书》卷一五六，《新唐书》卷一七二《王智兴传》。

[注三] 《旧唐书》卷一七七《裴休传》。参考《新唐书》卷一八二《裴休传》，《通鉴》卷二四九大中五年正月条。

[注四] 《旧唐书》卷一九上《懿宗纪》，《新唐书》卷一四八《康日知传附承训传》，卷一一四《崔融传附彦曾传》，《通鉴》卷二五一。参考陈寅恪先生《唐代政治史述论稿》页一一四至一一六。

[注五]　参考第四章。

[注六]　参考《唐语林》卷一。

[注七]　《旧唐书》卷一九下《僖宗纪》，卷二〇〇下《黄巢传》，《新唐书》卷二二五下《黄巢传》。

[注八]　《旧唐书》卷一九下《僖宗纪》，《唐大诏令集》卷五《改元广明诏》。

[注九]　《通鉴》卷二五九景福元年七月条。参考拙著《唐宋时代扬州经济景况的繁荣与衰落》，本所《集刊》第十一本第一，二分。

[注一〇]　《通鉴》卷二五三乾符四年十月条同。

[注一一]　《唐会要》卷八七，《册府元龟》卷四八三均节取此文。

[注一二]　据《新唐书》卷二二四下《高骈传》，他绝贡献的时间更为早些，内云："骈自乾符以来，贡献不入天子。"

[注一三]　《旧五代史》卷一七《田頵传》略同。

[注一四]　《旧五代史》卷一《梁太祖纪》，吴任臣《十国春秋》卷一《吴太祖世家》。

[注一五]　《通鉴》卷二六一乾宁四年十一月条，参考《旧五代史》卷一《梁太祖纪》。

[注一六]　《旧唐书》卷一九下《僖宗纪》略同。

[注一七]　见上引《旧唐书·僖宗纪》。

第七章

北宋的立国与运河

运河自唐末溃决为污泽后,便淤塞而不宜于航运。一向靠运河把军事政治重心的北方和经济重心的南方连系起来而发荣滋长的大唐帝国,就是在这种情形下崩溃的。大唐帝国崩溃以后,朱温、李存勖、石敬塘、刘智远等虽然先后相继建国,可是,运河既因淤塞而不能发挥它的连系南北的作用,他们所建立的政治机构自要跟着军事政治重心和经济重心的分离而势衰力微,从而规模也远不如过去的大唐帝国那样伟大了。

这种情形,到了五代末后周世宗时代(954—959年),开始发生激剧的变化。"世祖区区五六年间,取秦陇,平淮右,复三关(即瓦桥、益津及高阳关,均在今河北省)"[注一],差不多削平了当日的重要藩镇的大部分,从而奠定了北宋大一统的帝国的基础。不特如此,因为他荡平淮南,在军事上完成了从前朱温所不能完成的事业,过去被切为两段而分隶于两个政治组织之下的运河,遂又重新打通而可以直达长江。因此,约在平定淮南的同一时间内,周世宗又派人大规模地整治运河的水道,使它恢复运输效能,重新把政治重心和经济重心密切连系起来,以便在当日成长中的帝国又再复凝结为一个坚强牢固的整体,故我们与其说周世宗是五季末叶的皇帝,毋宁说他是北宋帝国的创始者。

在显德二年(966年)十一月，世宗即已开始叫人疏导运河。《通鉴》卷二九二显德二年十一月乙未条云：

> 汴水自唐末溃决，……上(世宗)谋击唐，先命武宁节度使武行德发民夫因故堤疏导之，东至泗上。议者皆以为难成。上曰："数年之后，必获其利。"

又《宋史》卷二五二《武行德传》云：

> 世宗即位，兼中书令。……为武宁军节度，……先是唐末杨氏……决汴，汇为汙泽。(显德)二年，将议南征，遣行德率所部丁壮于古堤疏导之，东达于泗上。

其后到了显德五年(969年)，又复疏浚运河。《通鉴》卷二九四显德五年三月条云：

> 是月浚汴口，导河流达于淮，于是江淮舟楫始通(胡注：此即唐时运路也。自江淮割据，运漕不通，水路湮塞，今复浚之)。

再往后，到了显德六年(970年)，世宗又命于运河河口设立水闸，并发丁夫数万开浚运河。《通鉴》卷二九四载显德六年：

> 二月丙子朔，命王朴如河阴，按行河堤，立斗门于汴口。[注二] 壬午，命侍卫都指挥使韩通，宣徽南院使吴延祚发徐、宿、宋、单等州丁夫数万浚汴水。[注三]

又《宋史》卷四八四《韩通传》云：

> 显德六年春，诏通河北按行河堤，因发徐、宿、宋、单等州民浚汴渠数百里。

又同书卷二五七《吴延祚传》云：

> （显德间）迁宣徽南院使，判河南府知西京留守事。汴河决，命延祚督丁壮数万塞之。因增筑堤防，自京城至临淮，数旬讫工。

运河既因疏浚而复通江淮舟楫，当宋太祖平定江南各地后，遂把军事政治重心的北方和经济重心的南方重新连系起来。

北宋立国的政策，与前代有些不同。宋初政府鉴于唐末五代藩镇跋扈之祸，实行中央集权政策。太祖即位不久，即以杯酒释兵权，不使军人过问政事，而以文臣充任地方行政长官。[注四]因为要使这个政策继续有效，政府遂集重兵于中央，造成强干弱枝之势，以便随时都能够镇压各地的叛乱。军队须用粮食来维持，中央既然集中了重兵，对于粮食的需要便激剧增加起来。为着要供应巨额的粮食，政府不得不选择便于漕运江淮米粮而又能照顾北方和西北方边防的地方来建都。当日最适合这个条件的地方，是位于运河北段的汴州。如上述，汴州自运河开凿后，即已成为南北交通的枢纽。中唐以后，因为汴州控制着运河的交通，地位日形重要，政府在那里配备了十万名的军队。到了唐末，以汴州为根据地的朱温遂篡夺了帝位，而以汴为首都。其后后唐虽然建都于洛阳，但不久以后，石晋鉴于汴州经济地位的重要，又以汴为首都，名曰东京，后汉、后周亦复如此。因为汴州有这样重要的历史背景，创造大统一帝国的宋太祖，虽然不满意于汴州地势的平坦，而以形势比较险要的洛阳或长安为他的理想的首都，可是为着满足中央对于大量粮食的需要，也只好迁就事实，以江淮物资容易到达的汴州为首都，而名曰汴京或东京。由此可知，北宋帝国所以以汴京为首都，运河实在具有决定性的作用。

因受运河影响而日形重要的汴州的经济地位，决定了石晋国都的地点。《旧五代史》卷七《晋高祖纪》载天福三年(938年)十月：

> 庚辰，御札曰："……经年之輓粟飞刍，继日而劳民动众，常烦漕运，不给供须。今汴州水陆要冲，山河形胜，乃万庾千箱之地，是四通八达之郊，爰自按巡。益观宜便。俾升都邑，以利兵民，汴州宜升为东京，置开封府。……"[注五]

又《通鉴》卷二八一云：

> 帝(晋高祖)以大梁舟车所会，便于漕运，(天福三年十月)

丙辰，建东京于汴州，复以汴州为开封府。……

其后到了北宋开国的时候，因为要避免唐末五代藩镇之祸，政府遂集重兵于首都，以巩固中央。《宋史》卷一七五《食货志》云：

> 太祖起兵间，有天下，惩唐季五代藩镇之祸，蓄兵京师，以成强干弱枝之势。

又李焘《续资治通鉴长编》卷一四三庆历三年(1043年)九月丁卯条载范仲淹富弼的话云：

> 我祖宗以来，罢诸侯权，聚兵京师。……所以重京师也。

又同书卷一六六载皇祐元年(1049年)二月辛未，

> 户部副使包拯言："臣闻京师者，乃天下之本也。王畿之内，列营屯聚，此强本之兵也。……本固且强，兼济中外，天下何所患焉？……"

又张方平《乐全集》卷二一《论京师卫兵事》云：

> 国朝太祖皇帝深虑安危之计，始削诸节度之权，屯兵于内，运营畿甸。……知祖宗本意，依重兵而为国，势不可去也。……为社稷计，京都宜拥重兵，以封殖根本。……夫猛虎所以百兽伏者，以其爪牙利也。若虎而去其爪牙，则犬豕鹿麇皆可以相狎。兵卫者国之爪牙也，足兵足食，乃可以威服四方，弹

压奸乱矣。

首都驻屯的军队多了，对于粮食的需要便激增起来。《宋史》卷一七五《食货志》云：

> 太祖……蓄兵京师，……故于兵食为重。

又《乐全集》卷二四《论国计事》云：

> 今京师砥平冲会之地，连营设卫，以当山河之险。则是国依兵而立，兵待货食而后可聚。此今天下之大势也。

又苏辙《乐城集》卷二一《上皇帝书》云：

> 臣闻汉唐以来，重兵分于四方，虽有末大之忧，而馈运之劳不至于太甚。祖宗受命，惩其大患而略其细故，敛重兵而聚之京师，根本既强，天下承望而服，然而转漕之费遂倍于古。

又同书卷三七《乞借常平钱置上供及诸州军粮状》云：

> 臣窃见国朝建立京邑，因周之旧，不因山河之固，以兵屯为岷岨。祖宗以来，漕运东南，广蓄军食，内实根本，外威夷狄。

因此，为着要解决当日首都非常重要的粮食问题，北宋政府只好承五代之旧，建都于较便漕运的汴京，而不像唐代那样建都于距离江淮较远的长安和洛阳。《乐全集》卷二七《论汴河利害事》云：

臣窃惟今之京师，古之所谓陈留，天下四冲八达之地者也；非如函秦天府百二之固，洛宅九州之中，表里山河，形胜定恃。自唐末朱温受封于梁，因而建都。至于石晋，割幽蓟之地以入契丹，遂与强敌共平原之利。故五代争夺，戎狄内侵，其患由乎畿甸无藩篱之限，本根无所庇也。祖宗受命，规模毕讲，不还周秦之旧，而梁氏是因，岂乐是而处之？势有所不获已者。大体利漕运而赡师旅，依重师而为国也。则是今日之势，国依兵而立，兵以食为命，食以漕运为本，漕运以河渠为主。……今仰食于官廪者，不惟三军，至于京师士庶，大半待饱于军稍之余，故国家于漕事至急至重。京大也，师众也，大众所聚，故谓之京师。有食则京师可立，汴河废则大众不可聚。汴河之于京城，乃是建国之本，非可与区区沟洫水利同言也。[注六]

又《宋史》卷九三《河渠志》云：

至道元年九月，……参知政事张洎……曰："……国家膺图受命，以大梁四方所凑，天下之枢，可以临制四海，故卜京邑而定都。汉……兵甲在外……惟有南北军期门郎羽林孤儿，以备天子扈从藩卫之用。唐承隋制，置十二卫府兵，皆农夫也。

及罢府兵，始置神武神策为禁军，不过三数万人，亦以备扈从藩卫而已。……今天下甲卒数十万众，战马数十万匹，并萃京师，悉集七亡国之士民于辇下，比汉唐京邑，民庶十倍。甸服时有水旱，不至艰歉者，有惠民、金水、五丈、汴水等四渠派引脉分，咸会天邑，舳舻相接，赡给京师，所以无匮乏。唯汴水横亘中国，首承大河，漕引江湖，利尽南海，半天下之财赋，并山泽之百货，悉由此路而进。然则……炀帝开甽以奉巡游，虽数湮废，而通流不绝于百代之下，终为国家之用者，其上天之意乎！"

由此可知，汴京所以能作北宋大一统帝国的首都，运河实是其中一个重要的因素。因为汴京与运河有这样密切的关系，故淳化二年（991年）六月运河溃决的时候，连皇帝本人也亲自下河来督工修理。《宋史》卷九三《河渠志》云：

淳化二年六月，汴水决浚仪县（今河南开封县治）。帝（宋太宗）乘步辇出乾元门，宰相枢密迎谒。帝曰："东京养甲兵数十万，居人百万家，天下转漕，仰给在此一渠水，朕安得不顾？"车驾入泥淖中行百余步，从臣震恐。殿前都指挥使戴兴叩头恳请回驭，遂捧辇出泥淖中。诏兴督步卒数千塞之。日未旴，水势遂定。

帝始就次太官进膳。亲王近臣，皆泥汙沾衣。

本来，鉴于汴京的无险可守，宋太祖曾拟把首都迁往形势险要的洛阳，或甚至长安；可是，事实上因为汴京比较便于漕运，他这个计划只好完全打消。《续通鉴长编》卷一七开宝九年(976年)条云：

> 上生于洛阳，乐其土风，尝有迁都之意。……西幸……既毕祀事，尚欲留居之。群臣莫敢谏。铁骑左右厢都指挥使李怀忠乘间言曰："东京有汴渠之漕，岁致江淮米数百万斛，都下兵数十万人咸仰给焉。陛下居此，将安取之？且府库重兵皆在大梁，根本安固已久，不可动摇。若虑迁都，臣实未见其便。"上亦弗从，晋王又从容言曰："迁都未便。"上曰："迁河南未已久，当迁长安。"王叩头切谏。上曰："吾将西迁者无他，欲据山河之胜，而去冗兵，循周汉故事，以安天下也。"王又言："在德不在险。"上不答。王出，上顾左右曰："晋王之言固善，今姑从之。不出百年，天下民力殚矣！"（原注·晋王事按《王禹偁建隆遗事》，正史阙之）[注七]

又《乐全集》卷二一《论京师卫兵事》云：

> 太祖皇帝……又修完西京宫内，有建都之意。然利于汴渠漕輓之便，因循重迁。

其后，洛阳父老又请真宗迁都于洛，真宗也因该地不便漕运而加以拒绝。《续通鉴长编》卷六五景德四年(1007年)二月乙酉条云：

> 初西京(洛阳)父老恳祈驻跸。上因谓宰臣曰："周公大圣人，建都据形胜，得天地正中，故数千载不可废。但今艰于馈运耳。"

运河与北宋立国政策及建都地点的关系，已如上述，现在让我们看看当日运河如何发挥它的连系南北的作用。北宋政府对于江淮物资的北运，也像唐代裴耀卿和刘晏改革漕运时那样，采取分段运输的办法，即转般法。这时首都与经济重心的江淮的距离，远较唐代为近，但因集中的军队较多，对于粮食的需要却特别的大。在另一方面，运河的水主要来自黄河，因受冬日黄河水干的影响，每年自三四月起只有半年左右可以通航，到了十月即因水浅而不能航运。运河每年既然只有二分一左右的时间可供船只航行之用，政府对于江淮巨额米粮的北运，便只好尽量利用这半年可航的时间。此外，运河河水的深度又没有长江那样大，不能像长江那样航行重船。在这种情形之下，如果要想运河充分发挥运输的效能，转般法实是最合适的办法。当日东南六路上供的米粮，每年都由各路转运司按照规定的时间分别运送到真(今江苏仪征县)、扬、楚(今江苏淮安县)、泗等州的转般仓,由发运司负责收受。这些贮存于各州转般仓的米,等到运河水长,可以航行的时候,便由发运司用船加紧运送往汴京去。发运司备有巨额的钱,在平时用作籴本来购米贮藏,以便各路转运司万一没有按照规定时间把米运到时,代替来运往汴京,以免错过了运河可航的时间。这些预先贮藏好的米,发运司多在农产丰收的时间和地点来收买,以便农产歉收路份用钱代替来缴纳;故无论在时间上,或是在空间上,它对于粮食供求的调节都有很大的贡献。此外,因为当日政府实行食盐专卖,淮南沿海出产的盐多先集中于真州,以便江南荆湖及两浙等路来此的船只,把米卸下后,装盐运返各地销售;这比诸空船回去,自然要经济得多。

关于运河每年通航的时间,王曾《王文公笔录》云:

> 汴渠……昔之漕运,冬夏无限。今则春开秋闭,岁中漕运止得半载。

又魏泰《东轩笔录》卷七云:

> 汴渠旧例十月关口,即舟楫不行。王荆公当国,欲通冬运,遂不令闭口。水既浅涩,舟不可行,而流冰颇损舟楫。于是以船脚数千,前设巨碓,以捣流冰。而役夫苦寒,死者甚众。

又《宋史》卷一七五《食货志》云：

> （汴）河冬涸，舟卒亦还营。至春复集，名曰放冻。

复次，运河的水又远较长江为浅，不能像长江那样通行吃水较深的船只。《宋会要·食货志》四七云：

> 崇宁三年（1104年）九月，户部尚书曾孝广言："东南六路岁漕六百万硕输京师，往年南自真州江岸，北至楚州淮堤，以堰潴水，不通重船，般剥劳费，遂于堰旁置转般仓，受逐州所输，更用运河船载之入汴，以达京师。……"

运河每年既然只有一半的时间可以通航，同时又因水浅不能像长江那样通航吃水较深的船只，故政府只好采用转般法，而以发运司主持其事。王应麟《玉海》卷一八二云：

> 发运一司，……权六路丰凶，而行平籴之法。一员在真州，督江浙等路粮运；一员在泗州，趣自真州至京粮运。

当日东南六路每年上供的米粮，其数量因地而异。沈括《梦溪笔谈》卷一二《说各路岁供米额》云：

> 发运司岁供京师米，以六百万石为额。淮南一百三十万石，江南东路九十九万一千一百石，江

南西路一百二十万八千八百石，荆湖南路六十五万石，荆湖北路三十五万石，两浙路一百五十万石。通羡余，岁入六百二十万石。

这些米由各路转运司分别运往真、扬、楚、泗等州的转般仓，再由发运司经运河转运往汴京。《宋史》卷一七五《食货志》云：

> 江南、淮南、两浙、荆湖路租籴，于真、扬、楚、泗州置仓受纳，分调舟船泝流入汴，以达京师。置发运使领之。

> 政和二年（1112—1113年），……淮南路转运判官向子諲奏，"转般之法，寓平籴之意。江湖有米，可籴于真。两浙有米，可籴于扬。宿亳（按指淮南路）有麦，可籴于泗。……"

如果有些路份因农产失收而不能按照规定的时间把米运到，发运司便以平时用籴本买备的米代发，以免延误航运的时间。《乐城集》卷三七《论发运司以粜籴米代诸路上供状》云：

> 顷者发运司以钱一百万为粜籴之本，每岁于淮南侧近趁贱籴米。而诸路转运司上供米至发运司者，岁分三限：第一限自十二月至二月，第二限自二（三？）月至五月；第三限自六月至八月。违限不至，则发

运司以所籴米代之,而取直于转运司。……

又同书同卷《乞以发运司米救淮南饥民状》云:

访闻发运司逐年将粜籴本钱一百万贯,趁贱籴米,以代诸路违限上供米。

又王安石《临川先生文集》卷六二《看详杂议》云:

臣比见许元为发运使时,诸路有岁歉米贵,则令输钱以当年额,而为之就米贱路分籴之,以足年额。

又《玉海卷》一八二云:

祖宗设制置发运司,盖始于王朴之议。朝廷损数百万缗以为籴本,使总六路之计,通融移用,与三司为表里,以给中都。六路丰凶不常,稔则增籴以充漕计,饥则罢籴,使输折斛钱,上下俱宽,而京师不乏。……自仁宗朝(1023—1063年)至崇宁初(1102年),发运司常有六百余万石米,百余万缗之蓄,真泗二仓常有数千石之储。

又《宋史》卷一七五《食货志》云:

转般自熙宁(1068—1078年)以来,其法始变。岁运六百万石给京师外,诸仓常有余蓄。州郡告歉,则折收上价,谓之额斛。计本州岁额,以仓储代输京师,谓之代发。复于丰熟,以中价收籴。谷贱则官籴不至伤农；饥歉则纳钱民以为便。本钱岁增，兵食有余。

淮南路转运判官向子諲奏："转般之法，寓平籴之意。……有不登处，则以钱折斛，发运司得以斡旋之。不独无岁额不足之忧，因(?)可以宽民力。……"

又明杨士奇等编《历代名臣奏议》卷二六八载绍圣初(1094年)：

（王）觌又劄子曰："……伏缘发运司见今虽有本钱一百五十万贯，其所以籴米麦，独可以准备诸路额斛未到间先次起发。……"

又《宋会要·职官》四二云：

宣和元年（1119年）十二月二十六日，制置发运副使董正封奏，"伏睹元丰二年（1079—1080年）赐发运司籴本钱，令乘时籴谷。其后接续借赐钱共三百五十万贯，逐年收籴斛斗，代发诸路。……"

由此可知，发运司籴本的运用，除可免于延误运河航运时间外，又可在时间上和空间上平衡粮食的供给与需要。

此外，由江南荆湖及两浙等路运米往真州的船，当驶返各路时，又可装载食盐运回销售，实在一举而两得。《宋史》卷一七五《食货志》云：

> 江湖上供米，旧转运便以本路纲转真、楚、泗州转般仓，载盐以归。

又同书卷一八二《食货志》云：

> 凡盐之入，置仓以受之。通楚州各一，泰州三，以受三州盐。又置转般仓……于真州，以受通、泰、楚五仓盐。……江南荆湖岁漕米至淮南，受盐以归。

又吕祖谦《历代制度详说》卷四云：

> 在祖宗时，六路之粟至真州，入转般仓。自真方下船，即下贮发运司入汴，方至京师。诸州回船，却自真州请盐，散于诸州。诸州虽有费，亦有盐以偿之。此是本朝良法。

又同书卷五云：

> 国初……建安军置盐仓，乃今真州。发运在真州。是时李沆为发运使，运米转入其仓，空船回皆载盐，散于江、浙、湖广。诸路各得盐，资船运而民力宽。

又《玉海卷》一八二云：

> 国朝旧制：江湖运舟至仪真（即真州），入转般仓，复载盐以归（诸路岁得盐课无虑数十万缗，以充经费，故漕计不乏，横敛不加于民，而上下裕矣）。

说到在运河上来回运米的漕船，发运司常常备有六千只。每船载米三四百石，一年往返三四次（大约由楚泗州起程的船每年可运四次，真扬则只三次）。除船伕沿途食用以外，每船一年运抵汴京的米约共一千石，合起来则六百万石。这许多在运河上来回行驶的船只，如果要讲求效率，不能够没有组织。宋初政府以船十只组成一运输队，称为"纲"，由使臣或军大将一人负责押运。其后到了大中祥符九年（1016年）初，为着要防止官物的侵盗，发运使李溥把三纲合并为一纲，由三人押运；三人互相合作，管理自可较前周密。再往后，到了熙宁二年（1069年），因为漕运吏卒常常营私舞弊，薛向遂募客舟与官舟分运，以便互相督察，杜绝流弊。至于沿途漕运吏卒所消耗的食粮，虽然可以取自船中所运的米，但却不许各船自由烧火造饭，而由押纲厨船负责办理；因为这样，一方面可以避免火灾，他方面又可以防止盗米。

关于北宋漕船在运河中航运的情形，《宋会要·职官》四二载建炎二年（1128年）：

> 五月十二日，发运副使吕涼言："祖宗旧法，推行转般。本司额管汴纲二百，每纲以船三十只为额，通计船六千只，一年三运，趁办岁计。……"

又《玉海卷》一八二云：

> 淮南之船，以供入汴之纲，常六千只。一舟之

运,岁常千石。

这些船只每次可运米三四百石,较大的船更可多至七百石。《梦溪笔谈》卷一二云:

> 运舟旧法,舟载米不过三百石。(真州)闸成(事在天圣中,1023—1032年),始为四百石船。其后所载浸多,官船至七百石,私船受米八百余囊,囊二石。

至于每年往返的次数,上引《宋会要》说三次,疑为最初之制,事实上楚泗州距离汴京较近,在太祖时已经规定一年须来回四次。释文莹《玉壶清话》卷八云:

> (陈从)信曰:"……楚泗至京,旧限八十日,一岁止三运。每运出淹留虚程二十日,岁自可增一运。"太宗以白太祖,遂立为永制。[注八]

又《宋史》卷一七五《食货志》云:

> 江湖上供米,旧转运使以本路纲转真、楚、泗州转般仓,……汴舟诣转般仓运米输京师,岁折运者四。

复次,关于漕船组织的变迁,《宋史》卷二九九《李溥传》云:

> 漕舟旧以使臣若军大将人掌一纲,多侵盗。自溥并三纲为一,以三人共主之,使更相司察。大中祥符九年初,运米一百二十五万石,才失二百石。

又《宋会要·食货》四二及四六载大中祥符九年：

> 四月，江淮发运使李溥言："今年初运七十一纲粮斛百二十五万三千六百六十余石。自前逐纲一员管押，既钤辖不逮，遂多盗窃官物。今以三纲并而为一，则监主之人加二，俾通管之，则纲船前后得人拘辖，可减盗窃。内奉职大将三人，同押当七十二纲粮斛四十九万石，纳外止欠二百石。窃取既少，则大减刑责。押纲人乞第赐缗钱。"从之。

按上引《宋会要·职官》四二说"每纲以船三十只为额"，当是三纲合并为一纲以后的事。在此以前，每纲的船只有十只。《宋会要·食货》四七云：

> （建炎）四年七月三十日，户部言："……旧行转般，支拨纲运装粮上京，自真州至京，每纲船十只。……"

其后到了熙宁二年，薛向又募客舟与官舟分运，以免漕运人员侵盗官物。《宋史》卷一七五《食货志》云：

> 是时漕运吏卒上下共为侵盗贸易，其则托风水沈没以灭迹，官物陷折，岁不减二十万斛。熙宁二年，薛向为江淮等路发运使，始募客舟与官舟分运，互相检察，旧弊乃去。岁漕常数既足，募商舟运至京师者又二十六万余石。[注九]

此外,因为要避免沿途住滞,漕运人员可以吃用他们船中所运的米。李廌《师友谈记》云:

> 国朝法:纲船不许住滞一时。……兵稍口食,许于所运米中计口分升斗借之。至下卸日,折算逐人之俸粮除之。盖以舟不住则漕运甚速。……

又《宋史》卷二七六《陈从信传》云:

> 开宝三年秋,……从信……曰:"从信尝游楚泗,知粮运之患。良以舟人之食,日历郡县勘给,是以凝滞。若自发舟,计日往复并支,可以责其程限。……"……太祖可之。

可是,在每一纲中,只有押纲厨船可以造饭来给大家吃,其余各船都不准动火,以策安全。王巩《清虚杂著补阙》云:

> 诸纲有厨船,今则为押纲厨船矣。故事:置厨船者为全纲。诸船不得动火,惟厨船造饭,以给诸船。一无火烛之虞;二无盗米之弊。

由于上述的办法,北宋时代运河每年向北输送的物资,数量至为可观。就中米粮一项,由东南六路运往汴京,"国初未有定数。太平兴国六年(981年),始制汴河岁运江淮秔米三百万石,……至道初(995年),汴运米至五百八十万石。大中祥符初(1008年),七百万石"[注一〇]。

其后越来越多，在真宗末及仁宗时（1023—1064年），运河每年运抵汴京的米，有时竟多至八百万石。不过就大体上说，在北宋时代，运河每年的运米额，以六百万石的时候为多，有时更减至五百五十万石。此外，运河每年北运的其他物资，如金、银、钱、帛、茶及各种军用品，数量也非常之大。当日南方各地，除供米的东南六路外，四川因为距离较远，每年经长江及运河运往汴京的物品，以布帛为主；广南东路因为是对外贸易要港的所在地，每年北经赣江、长江及运河输送至汴京的物品，则以金、银、香药、犀角、象牙及百货为主。这许多物资都构成了北宋中央政权赖以存立的经济基础；而它们所以能够由南方大量运抵中央，运河实是其中最重要的因素。

关于运河每年运米的最高额，欧阳修《居士集》卷二六《薛公(奎)墓志铭》云：

> 改……江淮制置发运使。开扬州河，废其三堰[注一一]，以便漕船。岁以八百万石食京师，其后罕及其多。

又《宋史》卷三三一《孙长卿传》云：

> （仁宗时）历……江、浙、荆、淮发运使。岁漕米八百万石。或疑其多。长卿曰："吾非欲事羡赢，

以备饥岁尔。"

但事实上运河每年运米的数量，以六百万石的时候为多。故上引《梦溪笔谈》卷一二曾说："发运司岁供京师米，以六百万石为额。"又《宋史》卷一七五《食货志》云：

> 先是诸河漕数，岁久益增。景德四年（1007年），定汴河岁额六百万石。

又《宋会要·食货》四二及四六载景德三年十月：

> 十一日，都大发运副使李溥言："诸路逐年上京军粮，元无立定额，只据数拨发。乞下三司定夺合般年额。"三司言："欲以淮南、江、浙、荆湖南北路至道二年至景德二年十年终般过斛斗数目，酌中取一年般过数定为年额，仍起自景德四年，船般上供六百万石，永为定制。……"从之。

其后，自天圣五年（1027年）起，运河每年运米的数量，又暂时减为五百五十万石。《宋史》卷一七五《食货志》云：

> 天圣四年，荆湖、江、淮州县和籴上供，小民阙食，自五年后权减五十万石。

又《宋会要·食货》四二及四六载天圣四年闰五月：

> 三司言："……今欲酌中于天圣元年额定船般斛斗六百万石上供数内，权减五十万石，起自天圣五

年后，每年以五百五十万石为额。……"从之。

除米粮外，运河每年向北输送的其他物资，数量也很可观。《宋史》卷九三《河渠志》云：

> 汴河……岁漕江、淮、湖、浙米数百万石，及至东南之产，百物众宝，不可胜计。

又同书卷一七五《食货志》云：

> 江南、淮南、两浙、荆湖路税籴，……沂流入汴，以达京师。置发运使领之。诸州钱、帛、杂物、军器上供，亦如之。

又《李直讲文集》卷二八《寄上富枢密书》云：

> 汴口之入，岁常数百万斛，金钱布帛百物之备，不可胜计。

又《历代名臣奏议》卷二一九云：

> 康定元年(1040年)，知制诰富弼上奏曰："……伏思朝廷用度，如军食、币帛、茶、盐、泉货、金、铜、铅、铁，以至羽毛、胶、漆，尽出此九道(指淮南、江南东西、荆湖南北、两浙、福建、广南东西)。朝廷所以能安然理天下而不匮者，得此九道供亿使之然尔。此九道者，朝廷所仰给也。……"

在这些北运的物资中，四川的布帛及广东的外货也要经运河及其他水道才能运抵汴京。《宋史》卷一七五《食货志》云：

> 广南金、银、香药、犀、象、百货陆运至虔州（今江西赣县），而后水运。川益诸州金帛及租市之布，自剑门（今四川剑阁县东北六十里）列传置分辇负担至嘉州（今四川乐山县），水运达荆南（今湖北江陵县治），自荆南遣纲吏运送京师。咸平中，定岁运六十六万匹，分为十纲。天禧末，水陆运上供金帛缗钱二十三万一千余贯两端匹，珠宝香药二十七万五千余斤。[注一二]

现在根据《文献通考》卷二三所载宣和元年（1119年）户部尚书唐恪稽考诸路上供钱物之数，及《宋会要·食货》三三所载诸路每岁上供金银数，分别列表如下，以示运河所负运输任务的重要。

诸路上供钱物表		
路名	钱物数（以贯匹两为单位）	附注
两浙路	四，四三五，七八八	
江南东路	三，九二〇，四二一	
江南西路	一，二七六，〇九八	
淮南路	一，一一一，六四三	
福建路	七二二，四六七	
荆湖北路	四二七，二七七	
荆湖南路	四二三，二二九	
广南东路	一八八，〇三〇	
广南西路	九一，九八〇	

诸路上供钱物表

路名	钱物数（以贯匹两为单位）	附注
夔州路	一二〇,三八九	
潼川路	五二,一二〇	
成都府路	四五,七二五	
利州路	三二,五一八	以上南方占百分之八五
京东路	一,七二,一二四	
京西路	九六,三五一	
陕西路	一五〇,七九〇	
河北路	九一,九八〇	以上北方占百分之一五

诸路上供金银表

路名	金（以两为单位）	银（同上）	附注
京东东路	九,九六一	七九一	
京东西路	六	一三二	
京西南路	四四六	二,五五四	
京西北路	二三	九七〇	
河东路	四一	九一	
河北西路	一	二三	
河北东路	〇	三五	
秦凤路	〇	二〇〇	以上北方，金占百分之六一，银占百分之四
淮南东路	八	二〇四,三四二	
淮南西路	三二	一,六三五	
两浙路	一九	二九,五七七	
江南东路	三,三一一	二四二,八二一	
江南西路	二,六八〇	二〇一,五四七	
荆湖北路	一	四九,五〇八	
荆湖南路	三五	三八,一六八	
福建路	一四二	二三二,二〇七	

诸路上供金银表			
路名	金（以两为单位）	银（同上）	附注
广南东路	二六二	一二一,三五七	
广南西路	○	一六,四一三	
梓州路	三六	四,〇一〇	
成都府路	○	三四二	以上南方，金占百分之三九，银占千分之九九六

根据这两个表，我们可知除金一项，北方略较南方为多外，其余如钱、银、布帛等物，南方的上供额都远较北方为多。这许多由南方上供的物资，都要经过运河才能运到汴京政府那里去，可见运河实是当日中央政权的生命线。

上述由南方经运河向北输送的巨额物资，不独用来养活在汴京驻防的数十万军队，和支付中央政府的行政费用，其中一部分又再向北转运往河北、河东（相当于今山西省）及陕西等路，以满足当日国防上的需要。因为北宋外患的威胁，来自北方的契丹，和西北方的西夏，而上述三路适当其冲，故政府在这些地方都配备了重兵，以维持国家的安全和独立。兵多了，军费的开支大为增加，绝非当地赋税收入所能应付，故政府不得不把一部分由运河北运的物资转运往上述三路，以供应那里因驻军的增加而起的庞大的需要。在三路中，河北与运河的交通较便，在那里因防御当日最大的外敌（契丹）而驻屯的军队又较多，故由江淮沿运河北运的物资，多输送到那里去。此外，在山东方面，当发生粮食恐慌时，政府也常把由运河北上的江淮米粮转运前往接济。

关于运河把江淮物资输送到河北、河东及陕西等路的记载，《栾城集》卷三五《制置三司条例司论事状》云：

> 方今虽天下无事，而三路（陕西、河东及河北）刍粟之费，多取京师银绢之余。

又《宋会要·食货》六一载熙宁六年（1073年）八月：

> 十六日，……上（神宗）曰："……汴渠岁运甚广，河北陕西资焉。……"

又《续通鉴长编》卷四五载咸平二年（999年）十月：

> 辛未，刑部员外郎直史馆陈靖为度支判官。靖……言："国家御戎西北，而仰漕东南。……江淮漕百余万"。〔注一三〕

在上述三路中，尤以运往河北为多。《宋史》卷一一一《仁宗纪》云：

> （庆历八年）九月戊午，诏三司以今年江淮漕米（长编多"二百万斛"四字）转给河北州军。〔注一四〕

又同书卷九三《河渠志》云：

汴河……岁漕江、淮、湖、浙米数百万石，……又输京师之粟，以振河北之急，内外仰给焉。

又同书卷二九八《梅挚传》云：

初河北岁饥，三司益漕江淮米饷河北。

又《宋会要·职官》四四云：

治平四年（1067年）五月八日，新河北体量安抚使陈荐言："皇祐初（1049年），河北荐饥，朝廷辍汴纲米七十余万石，漕黄河，以济一方之民。欲乞依例辍米三十万石，转漕至澶（今河北濮阳县）、卫州（今河南汲县治）、通利军（在今河南浚县东北）、北京（今河北大名县）赈济。……"从之。

又同书《职官》四二云：

神宗熙宁元年七月二十五日，诏虞部郎中知河阴县张宗道，虞部员外郎发运司勾当公事傅永并专切催遣自京所拨赴河北粮纲。

又《乐全集》卷二三《论京师军储事》云：

汴河上供斛斗，……去年令截上供粮米六十万石应副河北。……

又文彦博《文潞公文集》卷二三《言运河》（熙宁九年）云：

自江、浙、淮、汴入黄河，顺流而下，又合于御河，计每岁所运江淮之物，必不能过一百万斛。臣勘会前年自汴便入黄河运粳米二十二万五百余石，至北京口卸，止用钱四千五百四十余贯，和顾车乘，般至城中临御河仓贮纳。若般一百万斛至北京，只计陆脚钱一万五六千贯。若却要于御河装船般赴沿边，无所不可，用力不多，所费极少。

此外，在仁宗时代山东发生粮食恐慌时，江淮的米也经过运河及其他水道前往救济。《宋史》卷一〇《仁宗纪》云：

> 景祐元年（1034年）春正月，发江淮漕米赈京东饥民。

又同书卷三〇一《杨日严传》云：

> （仁宗初）会青徐饥，改京东转运使。因请江淮……转粟五十万以赈贫民。

又同书卷三〇四《范正辞传附讽传》云：

> 时（仁宗时）山东饥，……又请益漕江淮米百万，自河阳河阴东下，以赈贷之。

又《乐全集》卷二三《论京师军储事》云：

> 汴河上供斛斗，本为京师军储。自明道年（1032—1034年）山东荐饥，朝廷以为忧，特令截拨运米入清河赈济。自后缘此屡以上供粮斛外支诸路。去年令截上供粮米……十五万石应副京东，……

综括上述，我们可知运河自唐末起曾经长期废弃不用，其中一部分甚至溃决变为污泽；其后到了后周显德年间，世宗平定淮南，打通运河，并加以开浚，才奠定了运河复航的基础；及北宋开国，运河遂重新成为连系军事政治重心的北方和经济重心的南方的大动脉。北宋立国的政策，因欲避免唐末五代藩镇之祸，以中央集权为主。因为实行中央集权政策，政府须集重兵于中央，以提高中央的威望。中央驻兵既然很多，对于粮食的需要自然增大。为着要供应巨额的粮食，政府不得不放弃建都于形势险要而漕运不便的洛阳和长安，而以处于运河旁边，南方米粮较易大量运到的汴京为首都。由此可知，北宋中央政府的驻在地点，实为运河所决定。自此以后，由于转般法的采用，运河每年北运的几百万石的米，和为数甚大的其他物资，构成中央政权赖以支持的柱石。不特如此，运河年年向北输送的巨额物资，除用来支付汴京军政各费外，其中一部分又再向北转运往河北等地，以满足因防御外患而起的军事上的需要；此外又有一小部分运往山东一带，以作赈饥之用。由此可见，运河与北宋立国的关系所以这样密切，主要由于它军事政治重心和经济重心连系起来，从而发生一种力量，使北宋帝国在当日国际斗争的战场上能够长期站立得住。

◉ 注释

[注一]　《新五代史》卷一二《周本纪》。
[注二]　《旧五代史》卷一二八，《新五代史》卷三一《王朴传》略同。
[注三]　《旧五代史》卷一一九《世宗纪》略同。
[注四]　参考《宋史》卷二五〇《石守信传》，卷一六一《职官志》。
[注五]　《全唐文》卷一一四《晋高祖升汴州为东京诏》同。
[注六]　《乐全集》卷二三《论京师军储事》，《宋史》卷九三《河渠志》略同。
[注七]　参考《宋史》卷二六〇《李怀忠传》，司马光《涑水记闻》卷一，释文莹《玉壶清话》卷七，邵伯温《邵氏闻见录》卷七。
[注八]　参考《宋史》卷二七六《陈从信传》。
[注九]　参考《宋史》卷三二八《薛向传》。
[注一〇]　《宋会要·食货》四六。参考《宋史》卷一七五《食货志》。
[注一一]　事在真宗天禧三年（一〇一九）六月癸未，见《宋史》卷八《真宗纪》。
[注一二]　《宋会要·食货》四六略同。
[注一三]　《宋史》卷四二六《陈靖传》略同。
[注一四]　《续通鉴长编》卷一六五庆历八年九月条略同。

第八章

北宋帝国的崩溃与运河

北宋时代的运河,曾经长期间把军事政治重心和经济重心连系起来,已如上述。可是,到了北宋末徽(1101—1125年)钦(1126—1127年)二宗时代,由于种种的原因,运河却渐渐丧失它这种连系南北的作用,以致中央政府不能得到江淮物资的大量接济,而北方和西北的国防上的需要也无从满足。在这条沟通南北的大动脉逐渐失去作用的情形下,随着军事上的溃败,北宋帝国遂站不住脚,从而陷于毁灭的命运。

北宋末年运河所以不能充分发挥它的作用,主要由于自唐代裴耀卿改革漕运以来久已实行的转般法的废弃。如上章所述,在北宋时代,因为运河每年只有一半时间可以航行,同时又因水浅而不能像长江那样航行吃水较深的船只,转般法实是当日漕运最有效的办法。可是,这个在三百多年以前即已被人采用的办法,到了崇宁三年(1104年)蔡京执政的时候,政府却废弃不用,而改行直达法,即不顾沿途所经河道深浅的不同,由东南六路用船直把米运往汴京去。这时政府所以把转般法改为直达法,主要由于发运司籴本的消失,和食盐专卖法之改为钞盐法。上面曾说,转般法所以能够有效地运用,因为发运司备有巨额的钱,在农产丰收的时间和地点用来收买米粮,以便当各路因歉收而不能按照规定时间把米运到真州等地的转般仓，而运河水长通航的时间刚刚来临的时候，仍然有米运往汴京去。及崇宁初蔡京执政的时候，其亲信胡师文为发运使，却把这一大笔原来用作籴本的钱作为羡余来献给政府，以致此后发运司没有钱籴米来代发。复次，当转般法实行的时候，政府在食盐方面又采取专卖政策来与之配合，故由各路运米到真州的船只，把米卸下以后，又可装盐回去销售。及崇宁二年，蔡京却把食盐专卖法改为钞盐法（或曰通商法），规定商人在汴京"榷货务买钞所"用钱买到盐钞后，便可到产盐地换取食盐，而转运往一定的地点来销售。[注一]这样一来，商人既然代替政府来贩运食盐，由各路运米到真州去的漕船，在归途中便只好空船行驶了。这未免太不经济，故转般法有改为直达法的必要。

在北宋运河北运的物品中，除米粮外，其余如金帛茶布等物的运输，称为"杂运"。杂运自天圣年间起即已采用直达法，不再分段运输。到了崇宁三年，依照户部尚书曾孝广的提议，政府遂连米运也改为直达法。《宋会要·食货》四七云：

（崇宁）三年九月二十九日，户部尚书曾孝广言："……天圣中，……自是东南金帛茶布之类，直至京师。惟六路上供，犹循用转般法。今真州共用转般七仓，养吏卒糜费甚大，而在路折阅，动以万数，良以屡载屡卸，故得因缘为奸也。欲将六路上供斛斗，并依东南杂运直至京师，或南京（今河南商丘县）府界卸纳，庶免侵盗。……"从之。[注二]

自此以后，直达法便一直实行下去。在大观四年（1110年），政府虽言一度恢复转般法，但由于事实上的困难，不久以后又复采用直达法。[注三]

关于改直达法为转般法的原因，《玉海》卷一八二云：

> 自胡师文以籴本为羡余以献，而转般无一年之储。崇宁三年九月己亥，曾孝广立直达之法，虽湖南亦直至京师，因毁淮南转般仓。既行直达，而盐法随变。……自钱（钞？）盐之法行，课归榷务，诸路无所得，漕计日以不给，上下俱受其弊。转般与盐法相因，盐法既变，回舟无所得，舟人逃散，船必随坏。

又《宋史》卷一七五《食货志》云：

> 崇宁初，蔡京为相，始求羡财，以供侈用费。所亲胡师文为发运使，以籴本数百万缗充贡，入为户部侍郎。来者效尤，时有进献，而本钱竭矣。本钱既竭，不能增籴，而储积空矣。储蓄既空，无可代发，而转般之法坏矣。……自是六路郡县各认岁额，虽湖南北至远处，亦直抵京师，号直达纲；丰

不加籴，歉不代发。……又盐法已坏，回舟无所得，舟人逃散，船亦随坏，本法尽废。

其中关于籴本的消失，同书卷三五六《张根传》亦云：

(徽宗时)提举江西常平。……又言："……祖宗立发运上供额，而给本钱数百万缗，使广籴以待用。比希恩者，乃献为羡余，故岁计不足。……"

关于盐法的改变，《历代制度详说》亦云：

运法未坏，诸州船只到真州，请盐回。其次入汴入京师。……乃蔡京为相，不学无术，不能明考祖宗立法深意，遂废改盐法，置直达纲(原误作江)。(卷四)

自蔡京秉政，废转般之法，使商贾入纳于官，自此为钞盐法。请钞于京师，商贾运于四方。有长引短引，限以时日，各适其所适之地，远近以为差。(卷五)

直达法实行后，漕运的成绩却远不及过去转般法那样优良。东南六路与汴京的距离远较与真州等地的距离为远，而长江运河水道的深浅又各有不同。在这一段绵长的路途上，船只航行所费的时日自要加长，每年往返的次数自要减少，至于政府对于沿途航运的督察管理则非常困难。这样一来，运河的运输量自要因种种流弊的发生而激减。其中最大的一点，是漕运人员在路上稽留住滞,以盗卖他们船中所运的米,盗卖完了,便把船只凿沉,一走了事。复次,随着直达法的实行,运河沿线因储水而设立的水闸,开闭没有节制,结果运河又常因水浅而阻滞船只的航行。因此,自直达法实行后,运河每年由南方运往汴京的米粮,数量要大为减少。

关于直达法实行后,漕运人员沿途营私舞弊,以致失陷官物的情形,《宋史》卷一七五《食货志》云:

> 江西转运判官萧序辰言:"……自行直达,道里既远,情弊尤多。如大江东西荆湖南北,有终岁不能行一运者。有押米万石,欠七八千石。有抛失舟船,兵稍逃散,十不存一二者。折欠之弊,生于稽留。而沿路官司多端阻节,至有一路漕司不自置舟船,截留他路回纲,尤为不便。"

又同书卷三五六《任谅传》云:

> 蔡京破东南转般漕运法为直达纲,应募者率游手亡赖,盗用乾没,漫不可核。

又同书卷三七二《辛炳传》云:

> 先是蔡京废发运司转般仓为直达纲,舟人率侵盗沈舟而遁。户部受虚数。人畏京,莫敢言。炳(时为监察御史,兼权殿中侍御史)极疏其弊,且以变法后两岁所得之数较常岁亏欠一百三十有二万(石),支益广而入寖微,

乞下有司计度。徽宗以问京。京怒，……

又同书卷三七七《卢知原传》云：

改江西转运副使。过阙入奏，徽宗勉之。……先是纲运阻于重江，吏卒并缘为奸。

又《宋会要·食货》四七云：

（政和七年，1117年）六月八日，户部尚书刘昺言："诸路粮纲情弊甚多。沿流居民，无不收买官纲米斛。……"（又见《食货》四三）

八年（按政和无八年，疑误）三月二十二日，臣僚言："东南诸路斛斗，……崇宁四年，因臣僚建言直达京师，致多拖（抛？）失。迩来召募土人管押，欺弊百端。……"（又见《食货》四三）

（宣和五年）七月十八日，发运司言："契勘江湖路装载粮重船，多是在路买卖，远程住滞。……"

又同书《职官》四二云：

大观元年正月三日，制置发运副使吴择仁奏，"本司总领东南粮运，近年玩习苟简，职事不修，纲运败坏，沈失官物。……"

（建炎元年，1127年）八月二日，京东路转（运）副使李祐言："诸路应副朝廷大计，发运司最为浩瀚。近年岁额未尝数足，盖缘管押使臣不曾选择，又沿河居民盗卖官米，官司并不觉察，致每运少欠不下数千石，甚者至沈溺舟船。……"

又《历代制度详说》卷四云：

> 大抵用官船逐处漕运时，便都无奸计。若用直达纲，经涉岁月长远，故得为奸。所费甚多，东南入京之粟亦少，故太仓之粟少。

复次，运河的水赖以储蓄的水闸，自直达法实施后，启闭无节，结果运河又常因水浅而不便漕运。《宋史》卷三七七《向子諲传》云：

> 宣和初复官，除江淮发运司主管文字。淮南仍岁旱，漕不通。……子諲言："自江至淮数百里，（运）河高江淮数丈，……曩有司三日一启闸，复作澳储水，故水不乏。比年行直达之法，加以应奉往来，启闭无节，堰闸率不存。……"

又同书卷一七五《食货志》云：

> 政和二年，……谭稹上言："祖宗建立真、楚、泗州转般仓，……以防漕渠阻节，……自其法废，河道日益浅涩，遂致中都粮储不继。……"

又《宋会要·方域》一六云：

> 徽宗政和□年六月四日诏："汴河水大段浅涩，有妨纲运。……"

又同书《方域》一七载宣和三年（1121年）：

> 三月二十八日，高州防御使李琮言："真州系外路纲运会集要口，所装粮斛五十余万，以河运浅涩，不能津发。……"

又同书《食货》四七云：

> （宣和）三年正月二十四日诏："江、湖、淮、浙钱帛粮纲，见在运河阻浅，及江潮未应，难以前来。……"

> 三月十四日，淮南、江、浙、荆湖制置发运使赵亿言："今月六日奉御笔：运河浅涩，中都阙误，仰火急措置……闻奏。契勘真扬等州运河浅涩，潮泺皆干，别无水源。……"

约在上述直达法实行的期间内，运河又另外发生其他事件，足以影响到运米额的锐减。这时徽宗正在汴京大修延福宫艮岳，以供享乐之用。为着要满足他的政治野心，蔡京的亲信朱勔遂在苏州太湖一带大规模的搜集奇花异石，运往汴京，以取得徽宗的恩宠。因为这些花石的运输，政府特设进奉局于苏州，让他主持其事。[注四] 他运输花石所用的船只，多恃势取自原来运米的漕船，故此后供运米用的漕船便要大减。不特如此，当日的花石纲船既然大规模的纵横拥挤于运河上，这些剩下来运米的船只,在那里航行自然要大受阻碍。因此,除直达法的流弊以外,再加上花石纲的骚扰,运河每年的运输量更要激剧减小。

关于花石纲对于漕运影响的恶劣,龚明之《中吴纪闻》卷六云:

> 朱勔既进花石,遂拨新装运船,充御前纲以载之,而以余旧者载粮运直达京师。……粮运由此不继,禁卫至于乏食,朝廷亦不之问也。

又方勺《青溪寇轨》云:

> 迨徽庙继统,蔡京父子……又引吴人朱勔进花石媚上。上心既侈,岁加增焉。舳舻相衔于淮汴,号花石纲,至截诸道粮饷纲,旁罗商舟,揭所贡暴其上。

又李光《庄简集》卷九论《胡直孺第二札子》云:

> 况直孺佞邪,天下所闻。与应安道卢宗原相继为转运使,及发运使,欺罔朝廷,如循一轨。将上供物料及粮纲船尽充花石之供,号为应奉,州具帑藏,为之一空。

又《宋史》卷三五六《张根传》云:

> 改淮南转运使。……寻以花石纲拘占漕舟,……因力陈其弊。益忤权倖。

又同书卷四四七《陈遘传》云:

> 未几,升为(发运)使。朝廷方督纲饷,运渠壅涩。遘使决吕城陈公两塘达于渠。漕路甫通,而朱勔花石纲塞道,官舟不能行。

其后,到了宣和七年(1125年),鉴于国防需要的迫切,政府才下令废罢花石纲,以便漕运。《宋史》卷一七五《食货志》云:

> (宣和)七年,诏结绝应奉司江淮诸局所及罢花石纲,令逐路漕臣速拘舟船装发纲运备边。

可是,这时大敌当前,补救已经来不及了!

根据上述,我们可知宋末徽宗时代的运河,一方面由于自唐以来久已实行有效的转般法的废弃,他方面由于花石纲的阻扰,每年由南方向北输送的物资,数量要远较以前为少。其后到了钦宗靖康年间,当金人入侵的时候,汴京因被围攻,漕运自然不通。再往后,运河上游的堤岸又因被盗贼破坏而溃决,以致河水干浅,阻滞了漕运船只的航行。因此,自徽宗以来运河每年运输量越来越小的情形,到钦宗时代遂更为严重,从而汴京及其他北方各地遂得不到江淮物资的充分接济。

关于靖康年间运河因汴京被围及上流溃决而不便漕运的情形,邓肃《栟榈先生文集》卷一二《辞免除左正言第十六札子》（建炎元年五月）云：

> 臣窃观发运司岁计五百余万，每岁入贡，……朝廷费出，且无余者。今年不知何以处之？去冬（靖康元年冬）自遭围闭，运漕不通。今夏（是年五月以前称靖康二年，五月以后则称建炎元年）又以堤岸失防，汴流久绝，校之每岁所入，盖未有百分之一也。窃闻之，已入汴口者有百六十万；此数之外，未有继者。朝廷欣然，便以为有余。殊不知京师所积，止于八月九日已后。俟去年冬，计每月之费，在京师者以二十万为率，在行在（指南京，即今河南商丘县）者以十万为率，又有籴场二十四所，并勤王军兵觇门巡防人兵口食等，兼非泛取索数目，会入汴口之数，仅支五月日耳！五月之外，将如之何？倘虏人绝迹，不复南渡，则运漕相继，未有害也。若犬狼猖獗，再干我师，不知军民嗷嗷，将焉就食？此事最急，不可以仓卒备也。舟船有限，日数甚迫，虽发运百人，亦无如之何矣！

又同书同卷《辞免除左正言第七札子》（建炎元年）云：

> 汴河久涸，运漕不至。

又《宋史》卷九四《河渠志》云：

> 靖康而后，汴河上流为盗所决者数处，决口有至百步者。塞久不合，干涸月余，纲运不通。南京

及京师皆乏粮。[注五]

又同书卷三七九《李植传》云:

靖康初,……时群盗四起,饷道阻绝。

又《宋会要·食货》四三及四七建炎元年七月十八日条云:

先是汴河以河口决坏,纲运不通。

又同书《方域》一六云:

(建炎)三年四月十二日诏:"访闻东京军民等久阙粮食,虽已降指挥拨发斛斗上京,缘汴水未通,有妨行运。……"

这样一来,汴京等地自然要因运河交通线的切断而不能得到南方物资的大量供应。关于此点,除分见于上引各文外,《宋会要·食货》四三及四七亦载建炎元年:

九月十二日,同知枢密院事张悫言:"东南六路岁运粮斛六百万石,去年及今年未到数目甚多。……"

又同书《职官》四二云:

(建炎)二年正月十六日,措置财用黄潜厚言:"东南六路岁额上供斛斗计六百余万石。今岁已过限,尚有未般之数。……"

因此,当日汴京政府要因物资供给的缺乏而感到财政困难，军民粮食也随着来源断绝价格飞涨而大起恐慌。关于此事，除分见引于上引各文外，详见拙著《北宋物价的变动及南宋初年物价的大变动》（均载本所《集刊》第十一本第三、四分），兹不赘。

综括上文，我们可知北宋帝国的中枢及国防赖以支持的南方物资，到了北宋末年，初时由于转般法之改为直达法，和花石纲的阻扰，后来又由于汴京的被围，和运河上游的溃决，遂不复能借运河的连络来大量供应北方的需要。这样一来，运河不能把军事政治重心的北方和经济重心的南方连系起来的结果，北宋帝国便不复能凝结为一个坚强牢固的整体，从而力量大大削弱，抵抗不住当日北方新兴民族的女真的侵略。因此，在北宋末年运河日渐丧失它的作用，最后因被切断而不能把南北连系起来的情况下，北宋帝国遂跟着军事的崩溃而陷于灭亡的命运。

● 注释

[注一] 参考《宋史》卷一八二《食货志》。
[注二] 《宋史》卷一七五《食货志》略同。
[注三] 参考《宋史》卷一七五《食货志》。
[注四] 参考《宋史》卷四七〇《朱勔传》。
[注五] 《宋史》卷一七五《食货志》略同。

第九章

宋金的对立与运河

北宋帝国崩溃以后，自隋以来的大一统的帝国遂长期分裂为南北两个政治组织。这时金国占据了淮河以北的土地，南宋则只保存着淮河以南的半壁河山。宋金既然以淮河为界，在政治上互相对立，运河遂被切为两段，不复是连络黄河与长江的水道。这样一来，运河在过去数百年间连系南北的作用便完全消失，从而陷于长期废弃的状态了。因此，当宋金对立时，运河在淮河以北的水道，因为水流断绝，完全堙塞，遂变为麦田，车马道路，或给人盖房居住。

楼钥在宋孝宗乾道年间（1165—1174年）出使金国的时候，在路上曾亲眼看见淮河以北运河水道荒废的情形。他的《北行日录》卷上云：

> （乾道五年十二月）二日癸未，……宿灵璧。行数里，汴水断流。
>
> 三日甲申，……宿宿州。自离泗州循汴而行，至此河益堙塞，几与岸平。车马皆由其中，亦有作屋其上。
>
> （六年正月）二十四日，……宿宿州。汴河底多种麦。

在某一方面看，宋金的对立固然要影响到运河水道的荒废；可是，在另外一方面看，运河水道的荒废，也要影响到宋金国力的衰微，以至于亡。因为在当日全国的军事政治重心与经济重心不能给运河连系起来而隶属于同一政治组织的情形下，其分散而薄弱的力量是不足以对抗漠北新兴的游牧民族（蒙古）的。

不过，黄河与长江间的运河虽然因宋金的对立而不能沟通南北，它在长江以南由镇江到杭州的一大段，即隋炀帝开凿的江南河，在此时却成为南宋行都临安（即杭州）与全国各地连系的重要交通线。南宋政府赖以维持的诸路上供的财赋，大多数都要经过这条水路才能运抵临安。因此，南宋所以能够偏安一隅，这一段运河实是其中一个重要的因素。

杭州位于隋修运河的最南端，南宋政府驻在此地时，多半须由运河至镇江入长江，然后才能与所属各地取得连系。同时大江以下各地上供政府的物资，也要由镇江入运河才能大量运往。陆游《渭南文集》卷四三《入蜀记》一云：

> 自京口抵钱塘，梁宋以前不通漕。至隋炀帝始凿渠八百里，皆阔十丈。夹冈如连山，盖当时所积之土。

> 朝廷所以能驻跸钱塘，以有此渠耳。汴与此渠皆假手隋氏而为吾宋之利，岂亦有数耶！

又同书卷二〇《常州奔牛闸记》云：

自天子驻跸临安，牧贡戎埶，四方之赋输，与邮置往来，军旅征戍，商贾贸迁者，途出于此（指运河中的奔牛闸），居天下十七，其所系岂不愈重哉！

又施锷《淳祐临安志》卷一〇云：

城外运河，在余杭州外北新桥之北，通苏、湖、常、秀、镇江等河。凡诸路纲运……皆由此达于行都。[注一]

又《宋会要·方域》一六云：

嘉定六年（1213年）十一月二十九日，臣僚言："国家驻跸钱塘，纲运粮饷，仰给诸道，所系不轻。水运之程，自大江而下，至镇江则入闸经行运河，如履平地。川广巨舰，直抵都城，盖甚便也。……"[注二]

由此可知，当宋金对立时，运河虽因被截为两段而失却它的连系南北的作用，其最南一段，对于南宋的立国仍有很大的贡献，这也许是隋炀帝最初开凿时所不及料吧！

◉ 注释

[注一]　吴自牧《梦粱录》卷一二略同。
[注二]　《宋史》卷九《河渠志》同。

第十章

结论

综括上文，我们可知在唐宋数百年内沟通南北的运河，是在我国历史上第二次大一统帝国出现时客观形势的要求下产生出来的。隋唐大一统帝国成立时的客观形势，和上次秦汉大一统时有些不同。其中一个最大的特点，是当日的军事政治重心，虽然因为国防和地理的关系，仍旧像秦汉那样留在北方，可是，由于汉末以后北方生产事业的破坏，南方经济资源的开发，经济重心却已迁移到南方去了。第二次大一统帝国出现时的客观形势既然与第一次大一统时有这样的不同，当日自然要发生一个问题，即如何把军事政治重心的北方和经济重心的南方连系起来，以便因内在的坚强凝结而生出力量？隋炀帝开凿的运河，正好满足这个新时代的客观形势的要求。

运河对于第二次大一统帝国的贡献，既然在连系军事政治重心的北方和经济重心的南方，以便因凝结为一个坚强牢固的整体而发生伟大的力量，它与此后唐宋帝国势运的盛衰消长自然要发生不可分离的关系。根据以上各章所述，我们可以说：当运河能够充分发挥它的连系南北的作用的时候，这个帝国便要随着构成分子凝结的坚固而势力雄厚，国运兴隆；反之，如果运河因受到阻碍而不能充分发挥，或甚至完全不能发挥它的作用，这个帝国便随着构成分子的离心力的加强而势力薄弱，国运衰微。举例来说，唐代在安史之乱以前及宪宗时代，运河都能够畅通无阻，把经济重心的南方的物资大量输送到北方去，以支持中央的政权，满足国防的需要。因此，唐在安史乱前武功显赫，国势强盛，而开元天宝年间更是大唐帝国的黄金时代；其后宪宗削平了跋扈已久的藩镇，也创造出中兴的局面。此后到了北宋时代，运河大体上也能充分发挥它的作用，故北宋帝国在当日国际斗争的战场上虽然较为退缩，但仍能长期站立得住。可是，反过来说，在安史乱后，唐末及北宋末年，当运河因被切断而不能把南方物资大量运往北方的时候，唐宋帝国便要随着经济基础的动摇而力量削弱，甚至于灭亡了。此外，在宋金对立时，运河水道荒废，不能把全国的军事政治重心和经济重心连系起来，宋金自然也没有力量来对抗漠北新兴的民族，从而分别陷于崩溃的命运。由此可知，运河自隋代开凿后，与唐宋帝国势运的盛衰消长，着实是非常密切的。

复次，随着运河的诞生，唐宋帝国的经济地理也发生激剧的变动。例如洛阳在唐代所以能够成为"东都"，主要由于它的经济地位日形重要；而它的经济地位所以日形重要，又由于它位于运河的北端，由江淮经运河北上的物资都先在那里集中，然后分配于北方各地。又如位于运河北段的汴州，其地位所以日形重要，也完全由于运河的影响。汴州是南方北运物资必经之地，足以控制运河的交通。在代宗及德宗时代，曾先后为与魏博藩镇勾结的李灵曜，及与各藩镇联合反抗中央的李希烈所占；结果运河交通阻绝，当日中央政权因此而遭遇到的危机至为严重。故收复以后，政府特别在那里配置了十万大兵，以资防守。其后到了唐末，朱温即以汴州为根据地来夺取政权，故以此为后梁的首都，晋、汉、周亦然。因此，到了北宋开国时，为着长期获得大量粮食的供应，以养活因实行中央集权政策而驻屯于中央的几十万军队，政府不得不以这个在过去三百多年内因受运河的恩惠而发达起来的城市为首都。由此可知，洛阳和汴州所以能够先后成为全国重要的政治中心，由于运河的影响而起的经济地理的变动，实是其中一个主要的因素。此外，随着运河的开凿，沿河的其他地方，如河阴、睢阳、宿州、泗州、扬州、真州、镇江及杭州等，都先后成为南北交通的重要码头，从而发展为繁荣的城市；其中杭州一地，更变为南宋的政治中心。可见运河在唐宋经济地理方面的影响，也是非常巨大的。

除上述外，运河在唐宋数百年间所发生的影响，还有许多。例如在商业方面，运河把我国纬度及气候不同，从而物产亦大有差异的地方连络起来，其促进当日南北商品交换的功劳，自然非常之大；因为我国原有的自然河流，多东西向，对于南北商业的发展是没有什么贡献的。不过，因为这不在本文探讨范围之内，这里不拟详说了。

隋修运河的影响，至宋为止。宋亡以后，元都燕京，连贯南北的运河大部分不复是隋修运河的故道了。

民国三十二年十一月二十九日，于西川李庄栗峰本书1944年由中央研究院历史语言研究所首次出版，商务印书馆印行。现授权本公司出版简体中文版。

版贸核渝字（2020）第139号

图书在版编目（CIP）数据

唐宋帝国与运河 / 全汉昇著. —重庆：重庆出版社，2020.9
ISBN 978-7-229-15152-2

Ⅰ. ①唐… Ⅱ. ①全… Ⅲ. ①大运河－影响－中国历史－研究－唐宋时期 Ⅳ. ①K240.7

中国版本图书馆CIP数据核字（2020）第118964号

唐宋帝国与运河

全汉昇　著

策　　划：华章同人
出版监制：徐宪江
责任编辑：徐宪江　王　颖
营销编辑：史青苗　刘晓艳
责任印制：梁善池
装帧设计：潘振宇　774038217@qq.com

重庆出版社 出版

（重庆市南岸区南滨路162号1幢）
北京华联印刷有限公司　印刷
重庆出版社有限责任公司　发行
邮购电话：010-85869375
全国新华书店经销

开本：880mm×1230mm　1/32　印张：6.875　字数：120千
2020年10月第1版　2025年9月第4次印刷
定价：48.00元

如有印装质量问题，请致电023-61520678

版权所有，侵权必究